机车乘务员培训系列教材

内燃机车操作技能必知必会

（新职学员）

《机车乘务员培训系列教材》编委会　编

中国铁道出版社有限公司

2025年·北京

内容简介

《内燃机车操作技能必知必会(新职学员)》是“机车乘务员培训系列教材”之一,全书共分两章,第一章为机车应急故障处理,包括常见故障诊断与应急措施;第二章为机车检查,涵盖 HXN3 型、HXN5 型内燃机车检查标准化流程。内容简明实用,图文结合,具有较强的针对性。

本书可供新职学员岗前培训,也可作为机车乘务员业务学习参考用书。

图书在版编目(CIP)数据

内燃机车操作技能必知必会 : 新职学员 /《机车乘务员培训系列教材》编委会编. -- 北京 : 中国铁道出版社有限公司, 2025. 5. -- (机车乘务员培训系列教材). -- ISBN 978-7-113-31671-6

Ⅰ. U262

中国国家版本馆 CIP 数据核字第 20245FC156 号

书　　名:**内燃机车操作技能必知必会(新职学员)**
作　　者:《机车乘务员培训系列教材》编委会

责任编辑:李晓慧　　编辑部电话:(010)51873421　　电子邮箱:jiche@tdpress.com
封面设计:郑春鹏
责任校对:安海燕
责任印制:赵星辰

出版发行:中国铁道出版社有限公司(100054,北京市西城区右安门西街 8 号)
网　　址:https://www.tdpress.com
印　　刷:河北宝昌佳彩印刷有限公司
版　　次:2025 年 5 月第 1 版　2025 年 5 月第 1 次印刷
开　　本:710 mm×1 000 mm 1/16　印张:6　字数:108 千
书　　号:ISBN 978-7-113-31671-6
定　　价:40.00 元

编 委 会

前　言

为全面贯彻国铁集团推动新时代铁路职工教育高质量发展主题思想，构建系统完善的职工培训体系，进一步规范机车乘务员培训管理、提升机车乘务员技术业务素质，深入推进机务系统职工培训标准化、规范化建设，更好的完成机车乘务员成才培养工作，沈阳局集团公司机务部依托机车乘务员塑型成长全历程工作指南，组织编写了"机车乘务员培训系列教材"。

本教材针对机车乘务员塑型成才的五个阶段（入门、成长、塑型、进阶、成才）分别制定了相应的配套学习指导。教材内容全面，涵盖了法律法规、安全知识、基础知识、专业知识以及实作技能等方面，构成了一个完整的培训体系，使机车乘务员通过学习，可以达到"三个标准"，即机车副司机任职资质、机车司机驾驶资质、机车司机成才标准。

《内燃机车操作技能必知必会（新职学员）》由中国铁路沈阳局集团有限公司、辽宁轨道交通职业学院、辽宁铁道职业技术学院、吉林铁道职业技术大学共同编写完成，王旭、谢怀玉担任主编，王志鹏、宫玺、王冬莹、骆宏春、崔胜利、韩宝松、韩剑峰、李兹铮、谢志强、宋进昌、张一丹、于洪武、耿义参加了编写工作。

本教材为沈阳局集团公司机务部、各机务段职工教育培训工作人员设计，旨在作为工具书和指导书使用，期望能成为广大职工教育培训工作人员日常工作的得力助手，特别是在规范日常培训、提升工作效能等方面发挥积极作用。

鉴于时间和能力原因，本教材可能存在诸多不足之处，期望广大读者能提出宝贵的意见和建议。

编　者

2025 年 4 月

目　录

第一章

机车应急故障处理

知识目标

通过学习，掌握各型机车应急故障处理方法、部件准确位置。

能力目标

运行中能够准确、及时、独立处理机车突发故障。

素质目标

勤学苦练、一招准、一招精，树立 10 min 内处理不好立即请求救援的工作意识。

第一节　HXN3 型内燃机车应急故障处理

一、故障处理基本原则

1. 机车显示屏提示故障信息时，要及时在显示屏上进行复位，选择“提示信息”，再选择“复位”。

2. 为减少处理时间，优先进行小复位，小复位可在运行中进行，必须首先将主手柄置惰转位，将机控开关置隔离位，将换向手柄置中立位，再进行小复位，小复位后当 FIRE 显示屏所有数据恢复正常后才能进行加载操作。为防止小复位过程中产生惩罚制动，应及时按压显示屏任意键或操作无人警惕按钮、脚踏、风笛等。

3. 小复位不能消除故障时再停车进行大复位。

二、柴油机停机的处理

1. 曲轴箱压力、机油压力、水压停机

停机 1~2 min 后，检查水位应在停机刻线 1/2~2/3 刻线之间，机油油位应在油尺满油刻线上下 2 cm 左右（不得明显高出或到达警戒刻线），且机油无乳化物或明显燃油气味，检查机体各部应正常无破损和漏水现象，否则严禁二次启机，如图 1-1 所示。

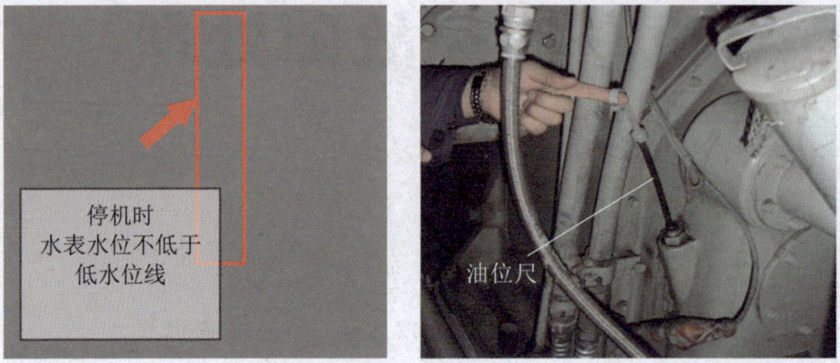

图 1-1　检查油尺

2. 增压器超速停机

外观检查增压器应无破损及漏油迹象，否则严禁二次启机。

三、通风机故障的处理

1. 无需停车，若显示屏故障信息下方有复位信息，直接在显示屏复位。

2. 没有复位信息的，进行小复位，先断微机控制断路器，再断开故障通风机断路器（无断路器跳过此步），等待至少 5 s，再依次闭合通风机断路器和微机控制断路器，如图 1-2 所示。

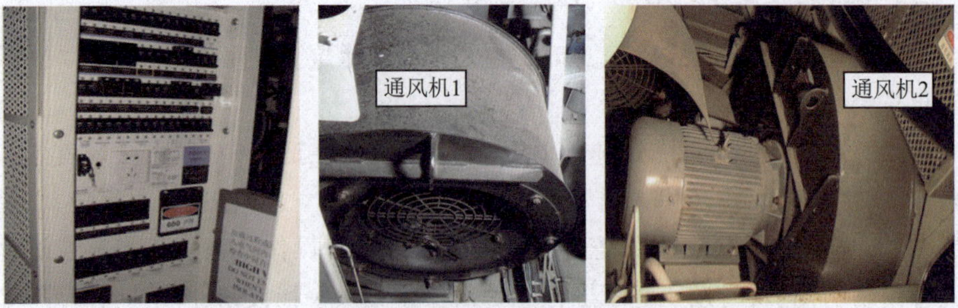

图 1-2　通风机断路器及通风机 1、2

3. 上述处理无效后，尽量维持到前方站进行大复位处理。若停于区间，且大复位无效后，可在技术专职指挥下使用四类风机应急装置维持运行至前方站。

四、功率低或限位降功的处理

1. 水温高限位降功

(1)检查风扇运转状态,若风扇运转正常,且温度有下降趋势,可以加载继续运行;若风扇不转,且机车已加改风扇断路器,检查断路器是否断开,若断开重新闭合,如图 1-3 所示。

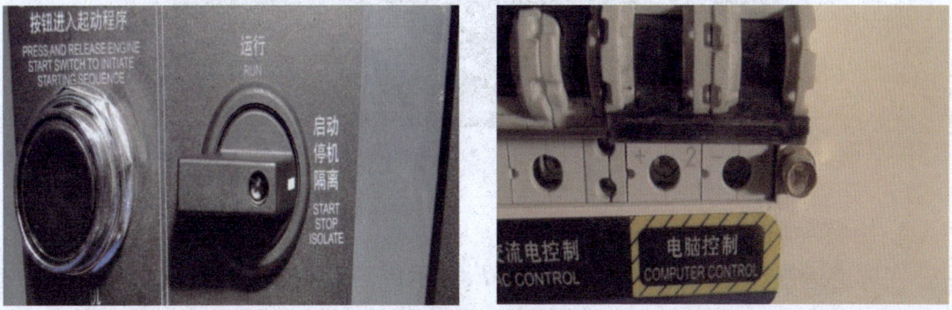

图 1-3　隔离开关及电脑控制器

(2)若以上处理风扇仍无法工作,降手柄维持运行进站,并请求救援。

2. 水温低限位降功

机车减载限手柄位置 2 位,显示屏提示"减载—柴油机水温低限制 2 位",检查冷却水温度,当温度低时应适当空载提手柄进行打温,应急时也可在技术专职指导下进行自负载打温,如图 1-4 所示。

图 1-4　FIRE 显示屏显示故障信息 1

3. 燃油压力低降功

重新加载维持运行,到前方停车站后检查显示屏燃油量及燃油箱油位(应在

1 000 L 以上），并检查燃油管路有无漏泄，如图 1-5 所示。

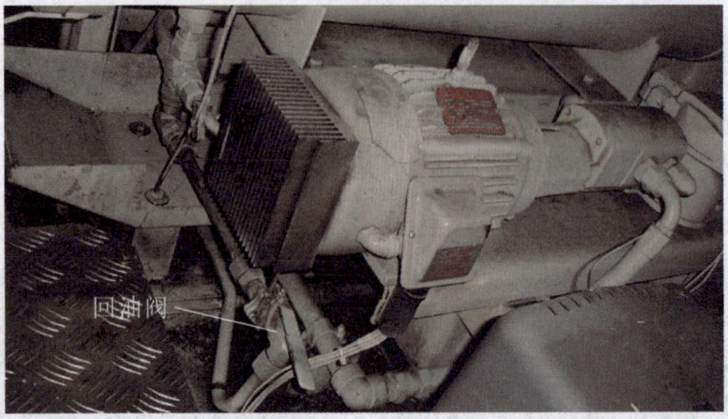

图 1-5　燃油管路

4. 空转降功

在坡道运行和起车时，机车功率下降，显示屏“自动撒砂”灯点亮，乘务员应按防止坡停操纵办法正确操纵机车，不得用单阀制动和降手柄位置来防止空转。

5. 通风机故障降功

若显示屏提示通风机 1 或通风机 2 故障，进行小复位操作，先断微机控制断路器，然后断开并恢复故障风机断路器，最后闭合微机控制断路器，若故障消除继续运行；若无效，维持运行。

注意事项：通风机 2 故障功率减少 50%，通风机 1 故障限制 1 位手柄功率运行。

6. 切架降功

若显示屏提示某个转向架切除，首先应回手柄，将换向手柄置于中立位，隔离开关置于隔离位，进入“机车数据”，按“其他选择”，在“牵引切除”中恢复被切除的转向架，若恢复后无故障提示，可以正常加载运行；若恢复后出现牵引逆变器类故障，切除该转向架降功维持运行，如图 1-6 所示。

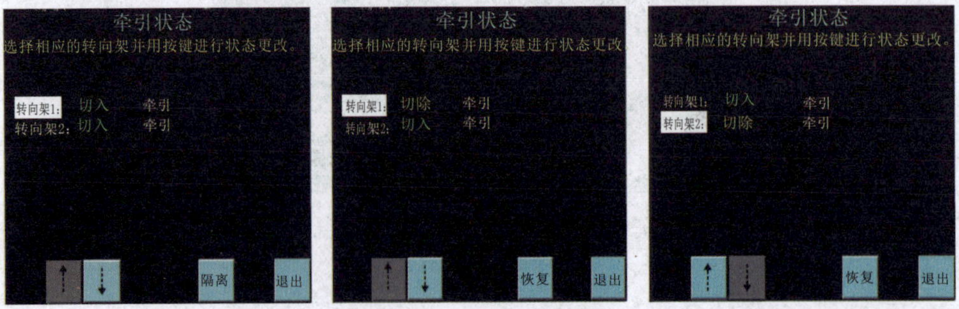

图 1-6　FIRE 显示屏切转向架信息 1

五、空压机不打风的处理

1. 一台风泵故障满足用风时，不处理。

2. 两台同时故障或风不够用时，检查空压机油位若正常，进行小复位操作，先断微机控制断路器，再断故障空压机控制断路器，等待至少 5 s 后先合空压机断路器，再合微机控制断路器，如图 1-7 所示。

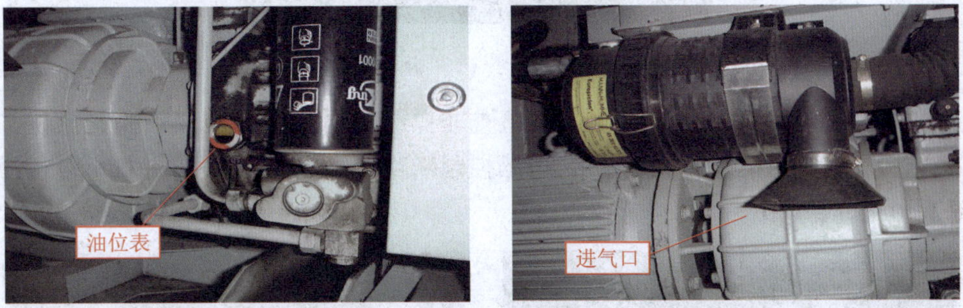

图 1-7　空气压缩机

3. 上述处理无效时，进行大复位。

注意事项：有动力重联时必须停车处理。

六、惩罚、紧急制动的处理

1. 停车后将主手柄置惰转位、换向手柄置中立位，检查显示屏故障信息（包括制动显示屏），并按相应故障进行处理，如图 1-8 所示。

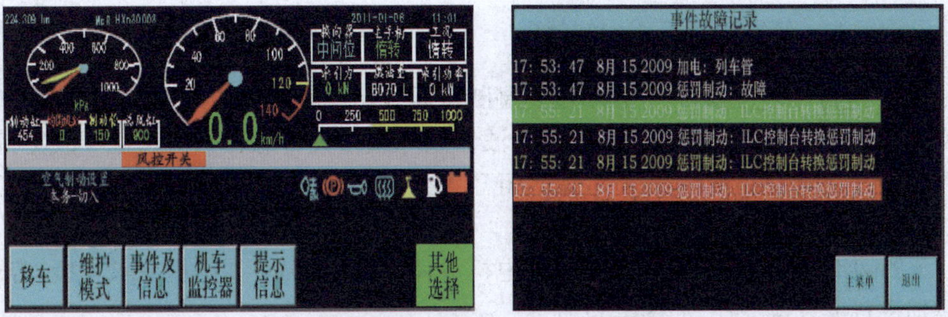

图 1-8　FIRE 显示屏显示故障信息 2

2. 当管压为 0 时，自阀手柄置紧急位，60 s 倒计时结束后，置运转位缓解紧急制动；当管压非 0 时，自阀手柄置抑制位解除惩罚制动，如图 1-9 所示。

图 1-9　自阀手柄 1

3. 不能解除或多次发生时，一是检查非操纵端自阀手柄应置于非紧急位，二是断空气制动、司机室微机显示屏、电脑控制断路器再闭合，对故障进行小复位，如图 1-10 所示。

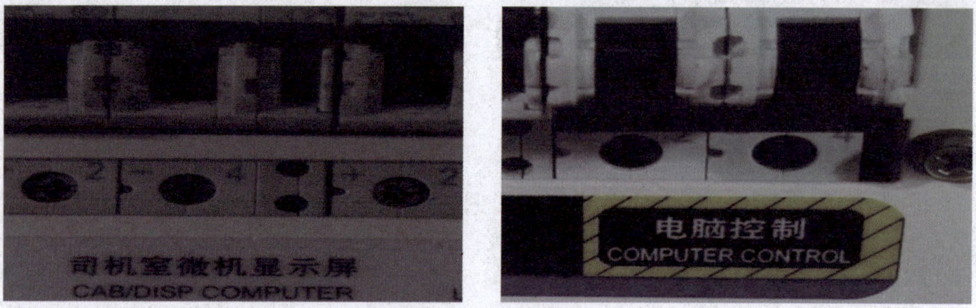

图 1-10　电脑控制断路器

4. 上述处理无效时，进行大复位。

七、主、辅发电机无输出的处理

1. 进行小复位操作，先断电脑控制断路器，再断 APC 控制断路器（辅助功率转换控制），若故障信息中有主发励磁斩波器故障或相关传感器数值超范围故障，还需要断开交流控制断路器，然后依次闭合 APC 控制断路器、交流控制断路器、电脑控制断路器，如图 1-11 所示。

2. 小复位无效后，打盖检查辅发电机滑环及碳刷状态，如烧损请求救援，若未烧损进行大复位操作，如图 1-12 所示。

八、显示屏故障的处理

1. 若操纵端两块显示屏同时黑屏并产生惩罚制动，检查司机室微机显示屏断路器应在闭合位，若断开重新闭合，如图 1-13 所示。

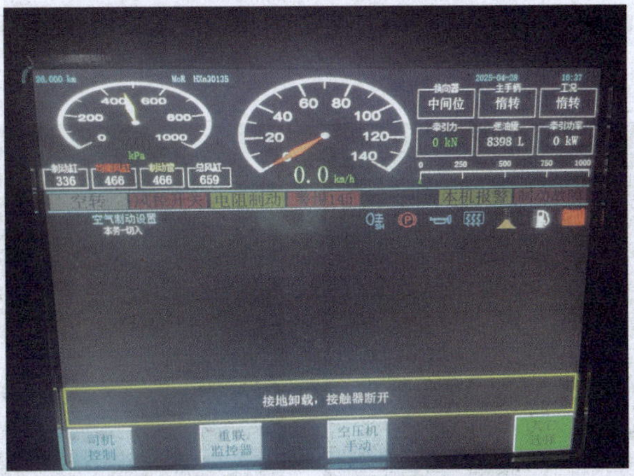

图 1-11　FIRE 显示屏显示故障信息 3

图 1-12　辅发电机滑环及碳刷

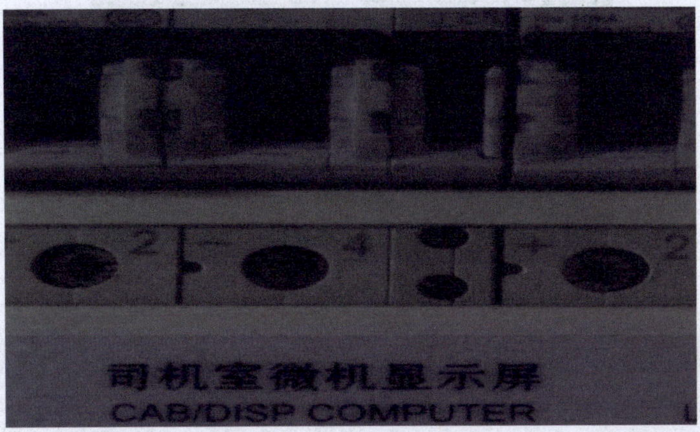

图 1-13　微机控制断路器 1

2. 若操纵端两块显示屏同时产生无效数据，检查微机柜顶部EM2000电源正常，断开电脑控制断路器后重新闭合，进行小复位，如图1-14所示。

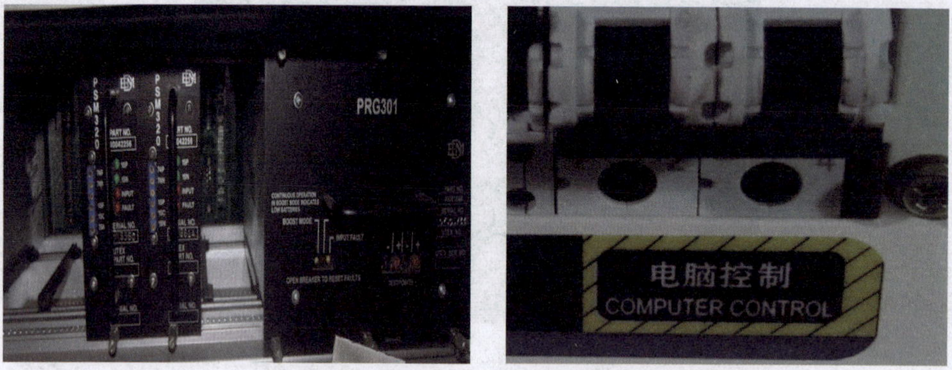

图1-14　微机柜顶部EM2000电源及电脑控制断路器

3. 1、3、4号显示屏单独故障无需处理，其中1、3号显示屏故障后，无人警惕报警功能失效，乘务员须注意定时按压无人警惕按钮，防止产生惩罚制动。

九、主电路接地的处理

1. 机车发生接地卸载后，并同时伴有牵引逆变器故障的提示信息，回手柄重新进行加载，如果无法加载，将故障的转向架切除，维持运用，如图1-15所示。

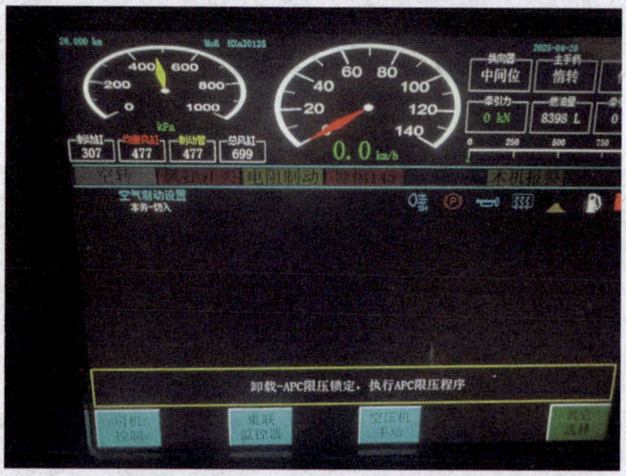

图1-15　FIRE显示屏显示接地信息

2. 如果在接地时没有其他故障提示，回手柄重新加载，如果加载后仍然发生接地，将隔离开关置隔离位，并分别将两个转向架切除确定接地部位，然后将故障转向架切除维持运行。

十、机车锁轴的处理

立即停车检查故障轴轴头温度，检查齿轮箱油位及轮对踏面，检查电机是否有异味，若检查未发现异常，移车试验并观察轮对转动情况(若机车无法加载，须按压机车数据—其他选择—锁轴检测—切除相应轴传感器，并同时将该转向架切除)，若轮对转动正常，可维持运行，并随时注意观察该轴状态，如图 1-16 所示。

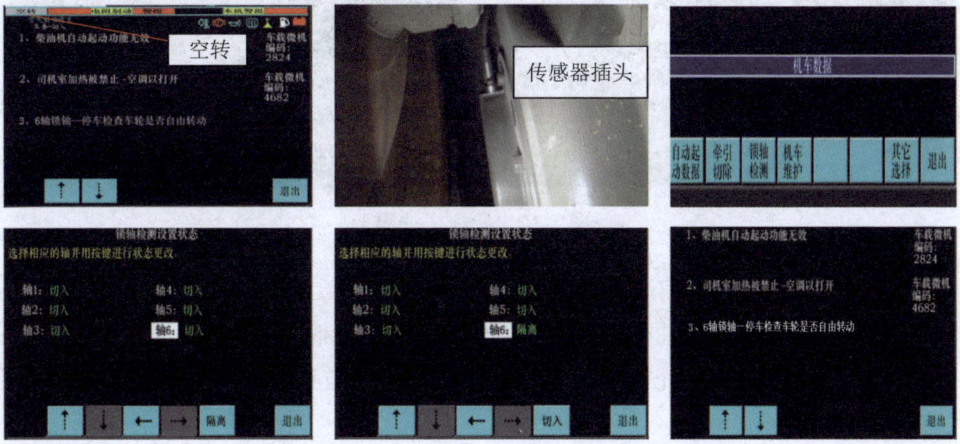

图 1-16　FIRE 显示屏显示切轴信息 1

注意事项：

1. 若检查为真抱轴，须立即请求救援。

2. 切除故障轴传感器和转向架后，如进行大小复位，需再次对故障轴传感器和转向架进行切除，否则限速 5 km/h。

十一、开关量输入输出系统故障卸载的处理

1. 进行小复位，如正常可以继续牵引运行；如不正常可以停车进行大复位操作，如故障不消除，应请求救援。

2. 冬季发生开关量输入输出系统故障尽量不要进行复位，直接请求救援(如果确实发生开关量输出系统故障复位后无法再次启机必须放水)。

第二节　HXN_5 型内燃机车应急故障处理

一、柴油机停机的处理

1. 显示屏提示“请勿尝试启动柴油机”相关信息时，应首先确认机油油位、冷

却水水位应符合要求，机油无乳化迹象及明显柴油气味，燃油箱油位不得低于1 500 L，外观检查柴油机无破损、漏油迹象，各检查孔盖无开放现象，否则严禁二次启机，同时根据以下情况进行处理，如图1-17所示。

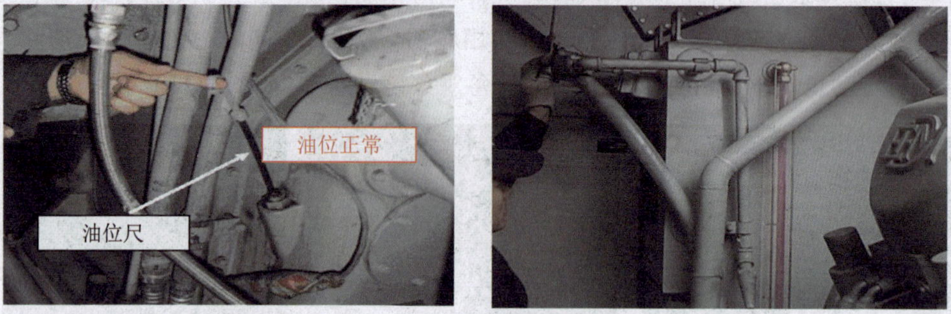

图1-17　柴油机油尺

(1)若显示屏显示“曲轴箱压力太高，不能重启柴油机”时，除步骤1中内容外，还须检查引射管及柴油机左、右机油加油孔盖有无脱落，确认无异常后，打开曲轴箱检查孔盖，检查油底壳滤网是否存在碾片、部件破损掉块等异物，均无异常后方可再次启机。

(2)若显示屏显示“润滑油压力＜启动压力(启动压力是柴油机转速的函数)”时，除步骤1中内容外，还须打开曲轴箱检查孔盖，检查油底壳滤网是否存在碾片、部件破损掉块等异物，均无异常后方可再次启机。

(3)若显示屏显示“检测到增压器故障”时，检查增压器应无漏油、断裂、破损，否则禁止二次启机。

(4)若燃油泵断路器断开，手动进行恢复，若启机时再次断开，请求救援。

2. 确认无异常需要启机时，需输入重置密码后再进行启机。

注意事项：当气温低于0 ℃时，如柴油机无法启动，需进行放水处理，防止冻结柴油机。

二、机车卸载(微机报牵引、制动无效)的处理

1. 若显示屏参数显示“＊＊＊”，或提示“11-5151显示屏2不能连接到数据网”“牵引电机控制整流器一直有输出；怀疑直流电路短路；一直发射”“驱动时传动系统对逆变器和直流总线直流接地监测；监测到传动系统直流接地……不能被隔离”“CIO故障”信息时，首先进行“全部重置”操作，若无效，进行大复位处理。

2. 若显示屏故障信息有“01-0172 冷却水压低于下限(柴油机转速的函数)”时,检查水表水位应符合要求,压力水箱盖应无松动、脱落,若以上检查无异常进行全部重置处理,重置无效进行大复位。机车启机后,需逐挡提升司控器挡位,切记不能提手柄过快,如图 1-18 所示。

图 1-18　压力水箱盖

3. 若显示屏故障信息有“20-1301 等待牵引逆变器自检超时”时,将主手柄放置惰转位后提手柄,故障可消除。

4. 若主发励磁断路器故障时,闭合备用主发励磁断路器维持运行。

5. 若运行时显示屏显示“PCS 断开”,且机车无惩罚制动时,打开 CA1 门,闭合 RIM 应急开关(柜门内侧右上角)后维持运行;若换台过程中显示屏显示“PCS 断开”,且闭合 RIM 应急开关无效后,可多移动几次挡位手柄,确保挡位手柄在惰转位。

注意事项:

(1)使用备用主发励磁断路器换台时必须断开原操纵端备用主发励磁断路器。

(2)如机车不发电造成牵引力无效,按辅助发电不发电故障处理,防止机车带闸行车。

三、显示器故障的处理

1. 机车有牵引力、无惩罚制动时维持运行,运行至前方停车站再进行小复位处理。

2. 机车无牵引力或产生惩罚制动时,进行大复位处理。

3. 如显示屏故障,大复位后某台显示屏不能启动时,需断开柴油机控制面板后面对应的显示器断路器后重新闭合,如图 1-19 所示。

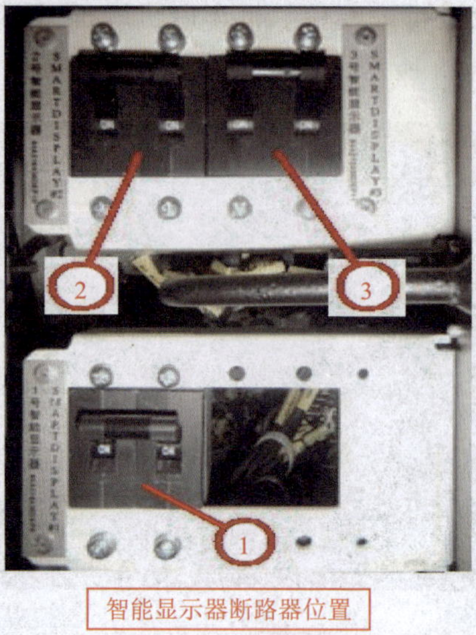

1—控制第 1 显示屏断路器;2—控制第 2 显示屏断路器;3—控制第 3 显示屏断路器。

图 1-19　显示器断路器

四、机车惩罚、紧急制动的处理

1. 将自阀手柄置于抑制位 1 s 后移至运转位缓解惩罚制动,将自阀手柄置于紧急位 60 s 后移至运转位缓解紧急制动。

2. 若机车无法缓解,一是确保检查主副台自阀手柄应均不在紧急位,二是确认副司机侧紧急制动按钮不在作用位,三是检查机车列车管、紧急放风阀应无排风声后,断开电空制动断路器 ABCB,再断开本务机控制断路器 LCCB,3 s 后闭合两个断路器,待上电惩罚制动消除后维持运行。

3. 上述处理无效后,进行大复位处理。

4. 若显示屏显示电空制动(EAB)故障,无影响维持运行。

五、主、辅发电机不发电的处理

1. 若显示屏显示有"04-5008 辅助发电机控制系统总电源电压丢失;04-5014 辅助发电机控制系统伏特/赫兹值超出规定值"等辅助发电不发电相关信息时,确保 EC 开关运转位,换向手柄置中立位,主手柄提至 4 挡位,进行全部重置操作,如图 1-20 所示。

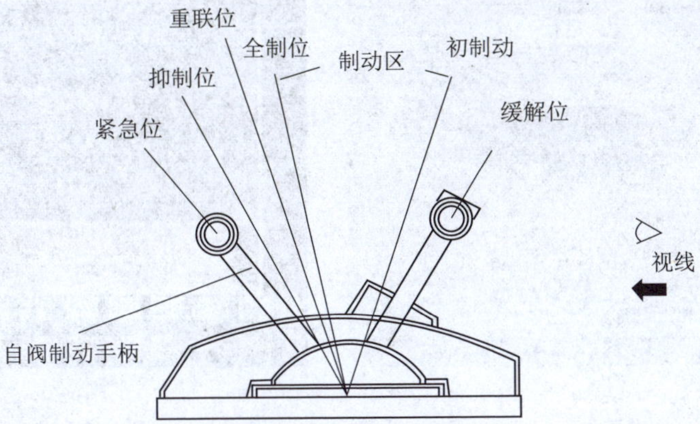

图 1-20 制动手柄位置

2. 若显示屏显示有“04-0011 辅助发电机输出相电流不平衡—负序电流”“04-0064 辅助发电机系统故障—蓄电池充电器还在工作”的相关信息时，断开排尘风机断路器，如图 1-21 所示。

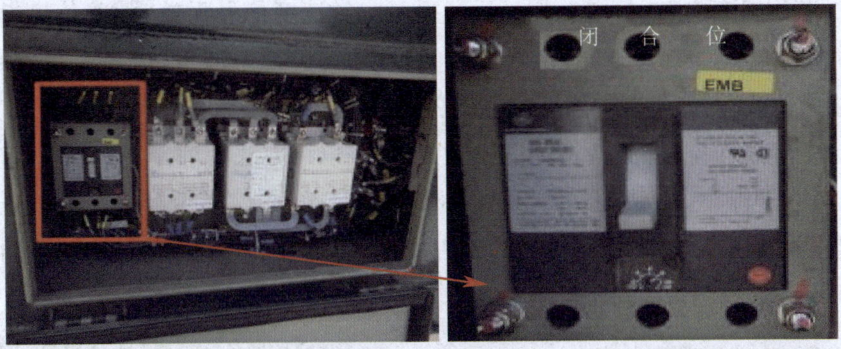

图 1-21 排尘风机断路器

3. 若检查空压机接触器卡滞或粘连，电话咨询技术专职进行处理。

4. 若以上处理均无效，进行大复位。

六、柴油机不能启动的处理

1. 若在启机过程中蓄电池电压下降至 40 V 以下，为蓄电池亏电或死节，断开排尘风机断路器进行大复位，仍无法启机，无效请求救援。

2. 若启机时警铃不响，一是确认 EC 开关在启动位，3 号智能显示屏无英文、黑屏，再次按压柴油机停机开关后再次启机；二是检查第六位电机指示灯是否正常，如指示灯熄灭，需手动切除第六电机进行启机，如图 1-22 所示。

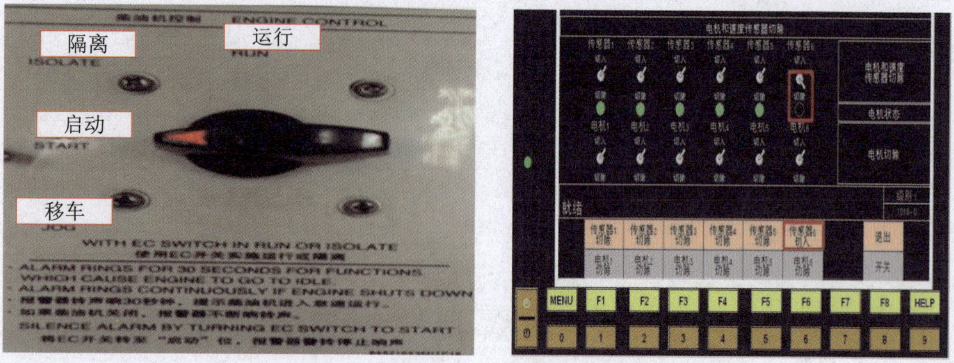

图 1-22　EC 开关及智能显示屏

3. 其他情况参照柴油机停机处理方法执行。

4. 以上处理均无效，进行大复位处理。

七、机车出现锁轴报警的处理

1. 若因机车空转、打滑造成显示屏提示“#轴速度信号无效”故障信息，需及时抑制机车空转。如判定空转、打滑造成的故障，可进行全部重置处理，重置后并密切关注该轴状态，如发现异常必须立即停车。

2. 若非机车空转、打滑造成的锁轴报警，按以下方法处理：

（1）立即停车，查看 6A 装置对应轴位温度是否异常，是否存在报警信息，并下车检查显示器提示报警的车轴状态是否完好，包括牵引电动机轴承、轴箱轴承、齿轮箱等有无异常情况，如图 1-23 所示。

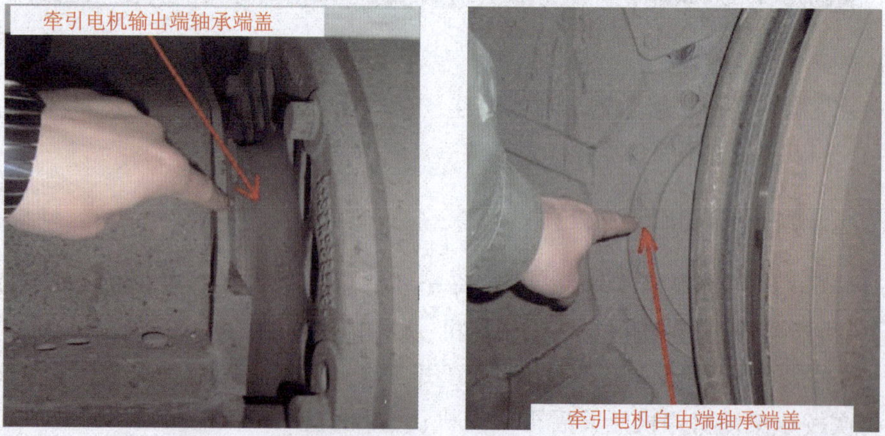

图 1-23　牵引电机轴承

(2)若上述检查无异常,先进行全部重置,然后根据故障信息切除锁轴位牵引电动机速度传感器和牵引电机,若切除后如牵引力无效可再次全部重置,若仍无效进行大复位,如图 1-24 所示。

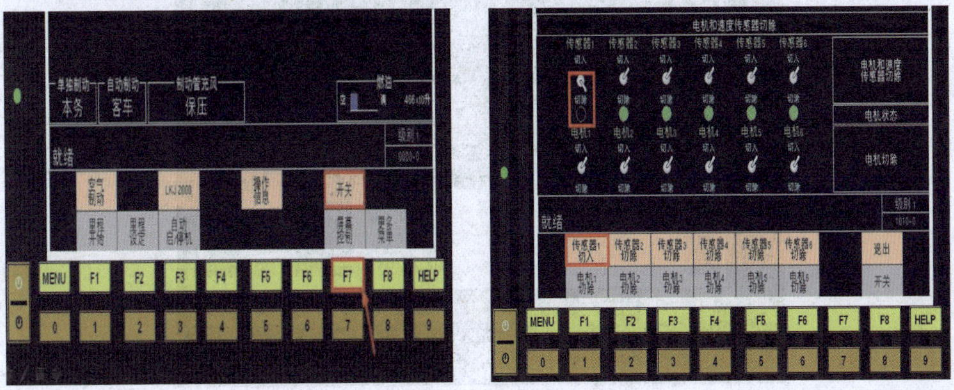

图 1-24　FIRE 显示屏显示故障信息 4

注意事项:大复位后需重新切除故障传感器和电机。

(3)动车观察该轴是否转动良好,如该轴转动良好,保持切除速度传感器及电机维持运行,否则请求救援。

注意事项:机车锁轴后必须进行滚动试验,如发现电机有冒烟、过热、抱轮等迹象,禁止动车,直接请求救援。

八、牵引力受限的处理

1. 如无故障信息可进行全部重置处理。

2. 若显示屏显示"#轴电机切除. 逆变器#相上升反馈没有接通. 逆变器'#'相模块饱和"等故障信息时,检查 6A 装置对应电机无温升故障,先维持运行,有条件时停车后手动切除对应电机及传感器,如图 1-25 所示。

3. 进入柴油机功能页面,点击更多菜单(8 键)—机车监控器(F7 键)—柴油机功能(4 键)查看机车滑油温度、进口水温度,如进口水温同时低于出口水温、机油进口温度、机油出口温度(温差超过 15 ℃)时,可将进口水温传感器甩除后,进行全部重置处理,如故障消除,可维持运行。

4. 若显示屏显示"01-0069 燃油压力<30 psig"时,进入柴油机功能页面查看燃油压力(正常为压力为 420~640 kPa),如燃油压力不符合要求时,一是检查燃油泵指示灯(燃油泵两个指示灯需全亮),如指示灯熄灭,进行大复位处理;二是检查燃油回油阀应处于关闭位置。若以上处理后,燃油压力仍低于正常值且不能满足牵引条件时,请求救援。

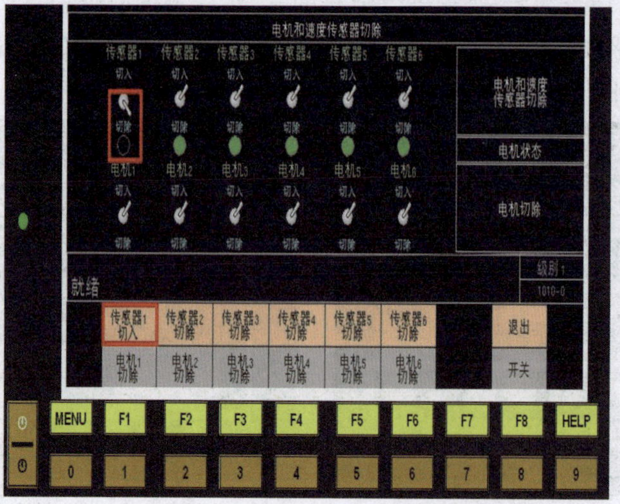

图 1-25　FIRE 显示屏显示故障信息 5

5. 若显示屏显示“01-0159 柴油机功率降低值超过 20%”“01-0148 由于增压器前温度过高使柴油机的功率受到限制”时，进入柴油机功能页面查看增压器温度，不得高于 700 ℃，否则检查柴油机各部（重点检查增压器）是否异常，如发现异常请求救援。

注意事项：如检查发现机械损伤、润滑油及冷却水油水不符合要求时，需将柴油机停机，以免再次造成柴油机损坏。

九、空压机不泵风的处理

1. 若故障信息同时记录有“30-0088 空压机 B CDC23 保持闭合；30-0087 空压机 A CDC13 保持闭合”，进行全部重置处理，如图 1-26 所示。

2. 若故障信息记录有“温度超过 240F”“旁通阀总是旁通”，在一台风泵可满足运行条件下，使用一台风泵维持运用。

3. 机车停车后，甩掉故障空压机的温度传感器或压力传感器，如图 1-27 所示。

十、总风压力低的处理

1. 机车运行中，进行全部重置处理。

2. 若干燥器下部排风口漏风，运行中直接断开司机室（双端机车位于 I 端司机室）内 EC 面板上空气干燥器断路器维持运行，若总风压力持续下降，需停车后关闭车下干燥器折断塞门（未加装折断塞门的使用丝堵进行封堵）。

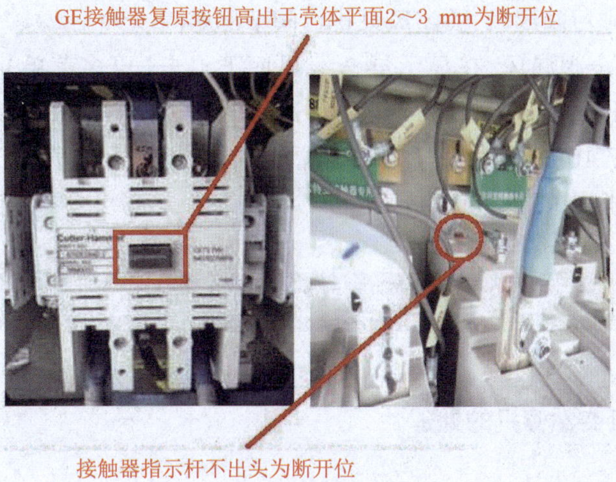

图 1-26　接触器复原按钮

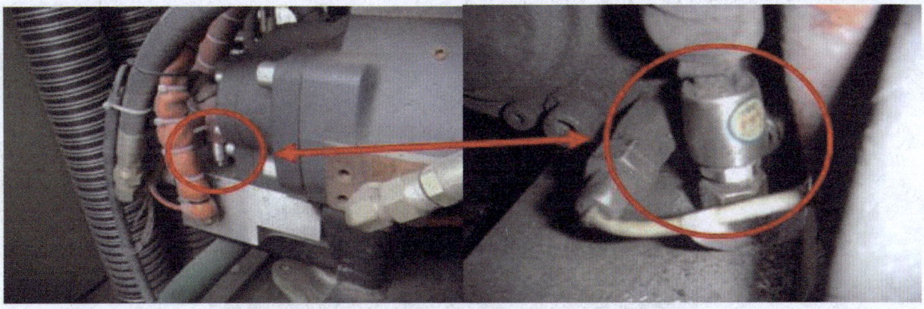

图 1-27　空压机的温度传感器

3. 若总风缸自动排水阀漏风，顺时针扭动总风缸自动排水阀手轮，将总风缸自动排水阀从自动位打至手动位，强制总风缸自动排水阀停止排风，如图 1-28 所示。

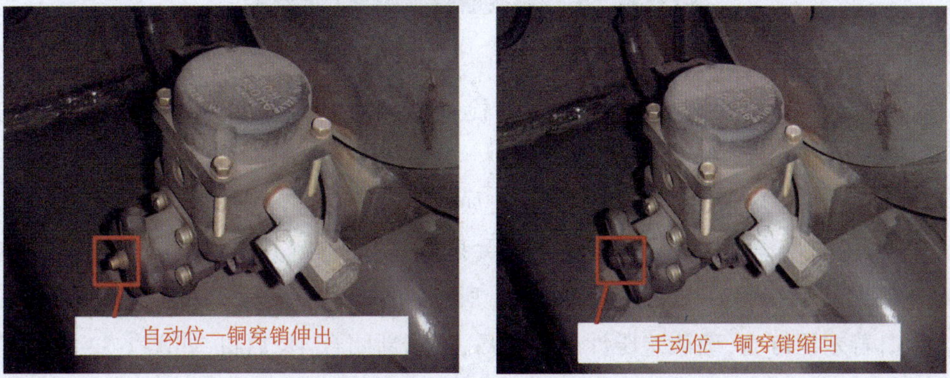

图 1-28　总风缸自动排水阀漏

4. 若风泵排污阀漏风,关闭风泵排污阀下部塞门。

5. 若 J1 安全阀漏风,在显示屏 2 级界面下点击【更多菜单】键—【机车监控器】键—【详细】键—【向下翻页】键—对比 MR1 压力与 MRR 压力(MR1 冗余压力),压差如高于 10 kPa,甩除与 MR2 压差较大的传感器,进行全部重置操作。处理无效,锤击安全阀中部。

第三节　DF4 型内燃机车应急故障处理

一、柴油机突然停机的处理

1. 确认差压灯没亮,燃油压力正常时,检查 DLS 线圈,若烧损或芯杆松动时,可顶 DLS 启机维持运行,如图 1-29 所示。

图 1-29　DLS 线圈

2. 确认差压灯没亮,燃油压力为 0,检查 RBC 燃油泵脱扣开关及燃油泵电机,根据检查情况进行以下处理:

(1) RBC 不吸合,手动将 RBC 顶上,如图 1-30 所示。

(2) RBC 吸合,检查燃油泵脱扣开关是否跳开,若跳开应将其闭合;若燃油泵脱扣未跳,可转换另一燃油泵,如图 1-31 所示。

3. 若差压灯亮,确认差压计误动作后,可重新闭合 4K 启机,如图 1-32 所示。

4. 检查极限调速器复原手柄,并将其恢复,如图 1-33 所示。

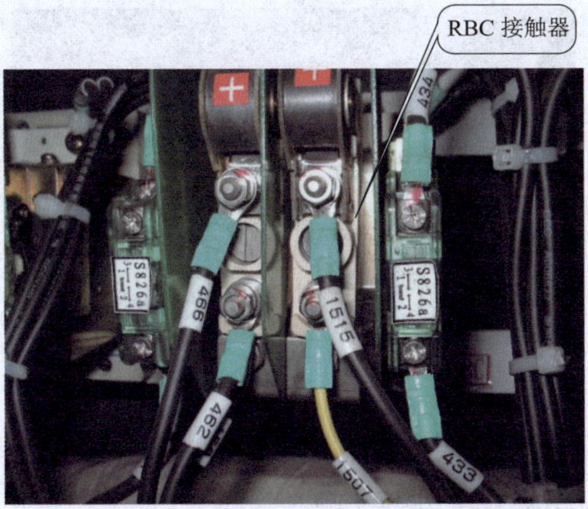

图 1-30　RBC 接触器

图 1-31　燃油泵脱扣开关

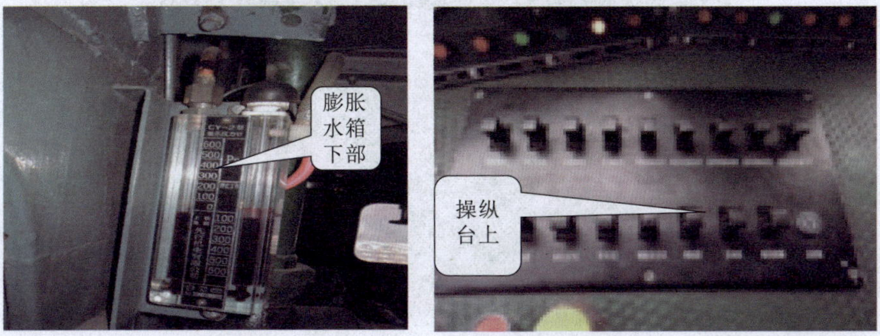

图 1-32　差示压力计及燃油泵开关 4K

图 1-33　极限调速器复原手柄

5. 手动推动 1~16 缸喷油泵供油齿条，确认无卡滞现象，如发现有喷油泵供油齿条卡死，可将该缸甩除，如图 1-34 所示。

图 1-34　供油齿条

6. 上述检查无异状，重新启机时确认机油压力，若机油压力正常，为油压继电器误动作；若机油压力过低时，为机油系统故障，不可启机，如图 1-35 所示。

图 1-35　机油压力表

二、柴油机转速不升不降的处理

1. 检查蓄电池充放电流表显示放电，为 1DZ 跳开，可恢复 1DZ。

2. 短接 RBC 常开触头后能调速，为 RBC 常开触头不良，如图 1-36 所示。

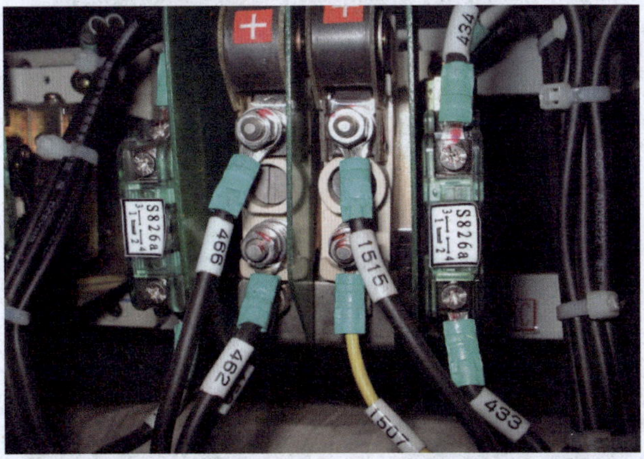

图 1-36　RBC 接触器

3. 更换另一套驱动装置，但在拔、插插头前应断开相应的开关，如图 1-37 所示。

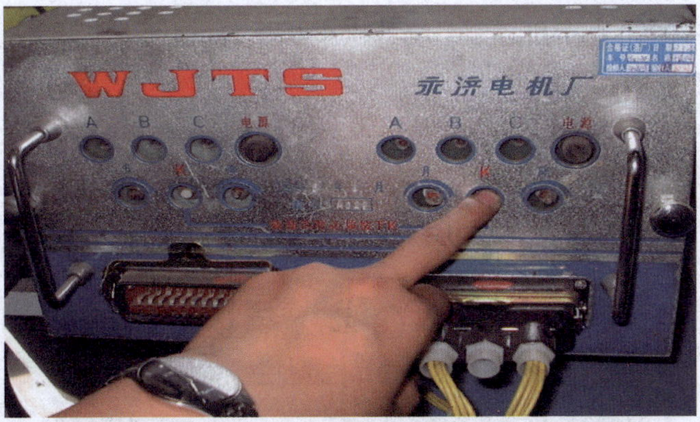

图 1-37　无级调速驱动装置

4. 手动推动 1～16 缸喷油泵供油齿条，确认无卡滞现象，如发现有喷油泵供油齿条卡死，可将该缸甩除，如图 1-38 所示。

5. 仍不能调速，可拔下驱动器插头，手拧步进电机手动旋钮或拨动伞形齿轮进行手动调速，如图 1-39 所示。

图 1-38　甩缸处理

图 1-39　拨动伞形齿轮

6. 装有 ZY2000 型微机控制系统的机车断开 5K 辅助发电开关，及时进行辅发 A、B 组转换，然后闭合 5K。

三、辅助发电不发电的处理

1. 检查 1DZ，并重新闭合，如图 1-40 所示。

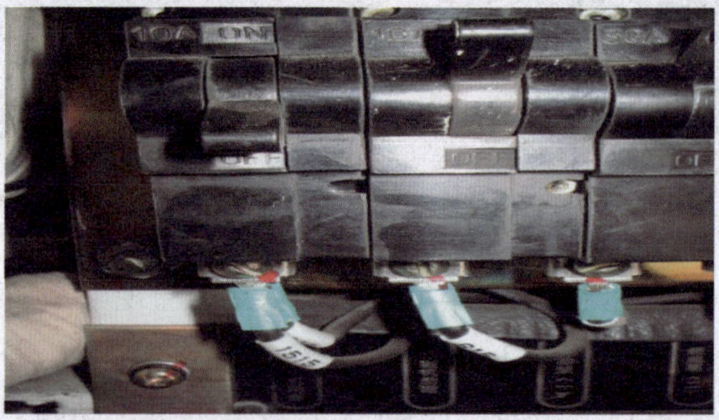

图 1-40　1DZ

2. 使用固定发电维持运行，如图 1-41 所示。

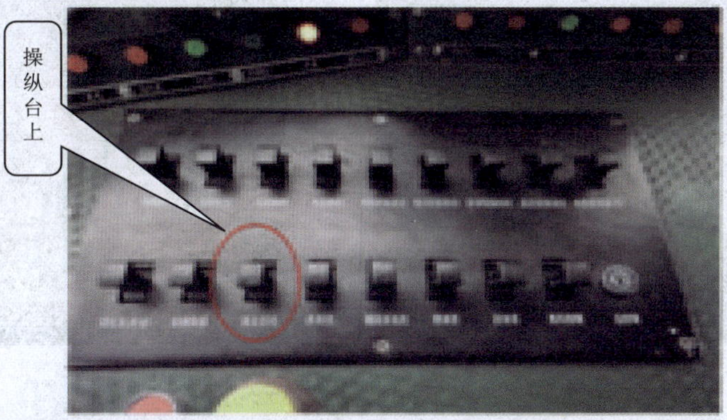

图 1-41 闭合固定发电开关 8K

3. 更换另一套电压调整器，如图 1-42 所示。

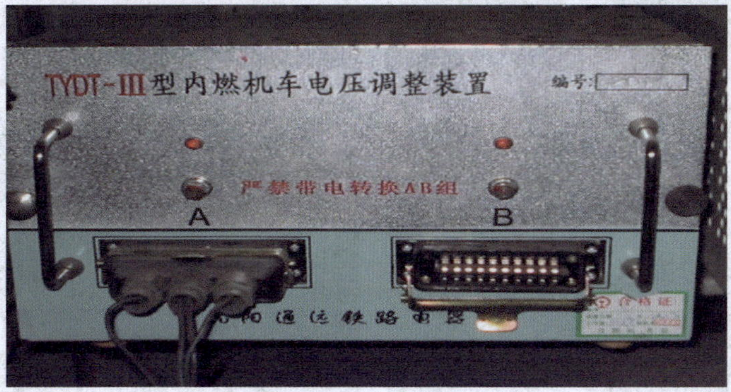

图 1-42 电压调整器

4. 电流表显示放电，手按 2QA，风泵能泵风，为 2RD 断，更换 2RD，如图 1-43 所示。

四、水温高报警灯亮，柴油机卸载的处理

1. 运行中 WJ 误动作，柴油机卸载，观察机械间水温表不超温时，主手柄回零位，闭合应急开关。

2. 大风扇转速不正常，判断为温控阀故障时，可顺时针拧动温控阀手动调整螺栓，增加风扇转速。若无效，轻敲安全阀阀体，如图 1-44 所示。

3. 开放侧百叶窗。

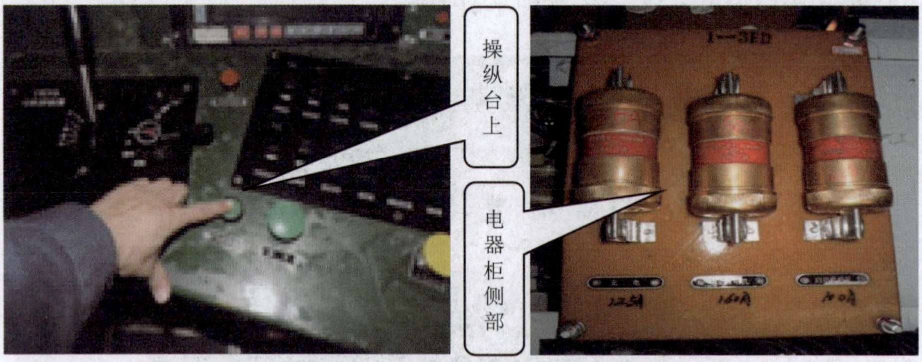

图 1-43　空压机手动按钮及充电保险 2RD

图 1-44　温度控制阀

五、加不上载，卸载灯亮的处理

闭合应急开关。

六、提主手柄，卸载灯灭，无流无压的处理

1. 使用故障励磁维持运行。
2. 恢复 2DZ,如图 1-45 所示。
3. 闭合 LC 闸刀。
4. 主手柄提 1 位不走车,提保位能走车,为平稳启动电阻开路,维持运行。

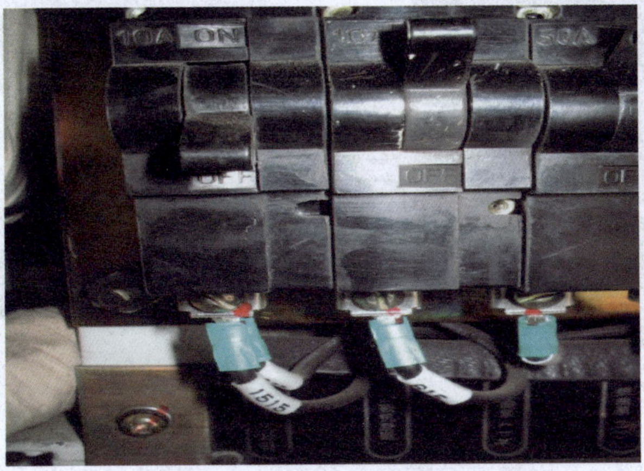

图 1-45　2DZ 励磁脱扣开关

七、机车主回路接地、过流的处理

1. 主手柄回零位，解锁 DJ，将接地开关置负端位，如不接地，可维持运行，如图 1-46 所示。

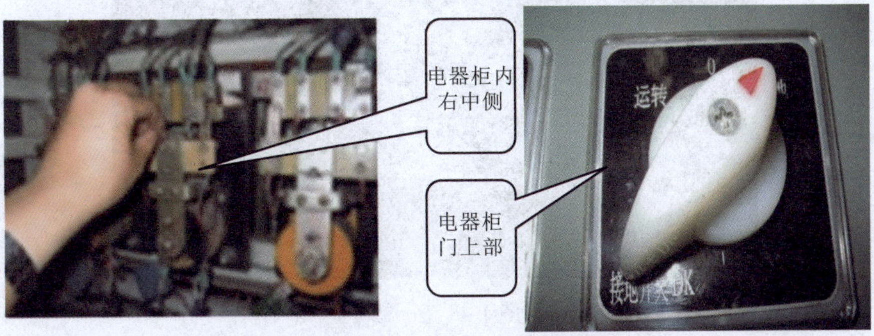

图 1-46　接地继电器及接地开关置于接地位

2. 再接地，解锁 DJ，接地开关仍在负端位，利用牵引电机故障开关判断出故障电机并将其切除，如图 1-47 所示。

八、风源净化装置故障的处理

风源净化装置故障造成排风不止，先开 K3（或 G3），然后关闭 K1、K2、K4、K5，使风源净化装置完全切除，维持运行。

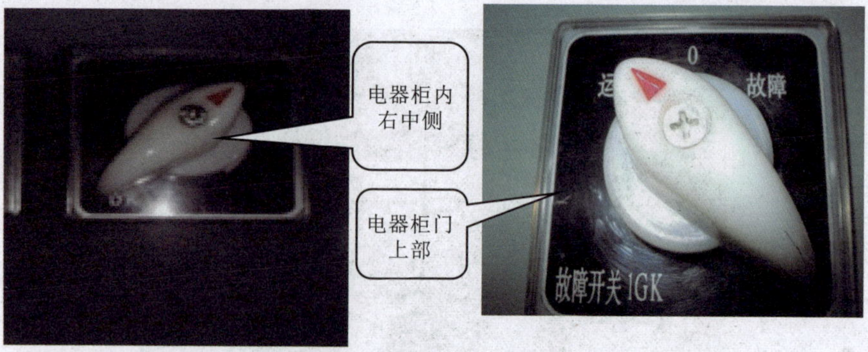

图 1-47　接地开关及故障开关

九、自阀运转位，自阀调整阀口、分配阀或中继阀排风不止的处理

1. 轻微漏泄且不影响制动机正常使用时可不做处理，维持运行。

2. 敲击漏风阀体及漏风部位，如图 1-48 所示。

图 1-48　分配阀

3. 停车状态下，将自阀手柄移至紧急制动位，反复移动数次消除排风不止现象，处理过程中注意做好机车防溜工作，如图 1-49 所示。

十、闭合空压机开关，空压机不打风的处理

1. 手按 2QA，空压机工作，为空压机开关本身故障或风压开关故障，运行中可不处理，使用 2QA 控制空压机工作。

2. YC 吸合，空压机灯亮，为空压机熔断器断开，应断开空压机开关，更换熔断器，如图 1-50 所示。

图 1-49　自阀手柄 2

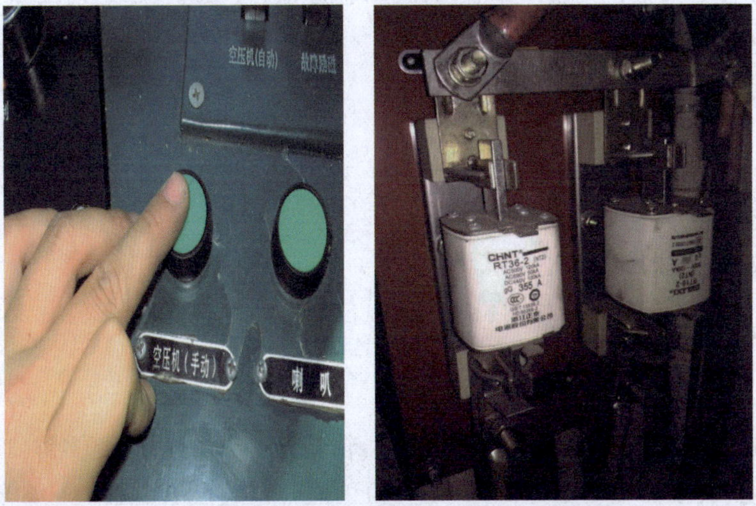

图 1-50　空压机手动按钮 2QA 及空气压缩机熔断器

第四节　HXN3B 型内燃机车应急故障处理

一、基本操作方法

1. 显示屏复位方法

机车显示屏提示故障信息时，选择“提示信息”，再选择“复位”，查看故障提示是否消除，如消除可维持运行。

2. 小复位方法

先断开故障提示信息对应的电器控制断路器，再断开微机控制断路器，等待30 s后再闭合，注意应最后闭合微机控制断路器。

在机车运行中进行小复位时，必须首先将主手柄置惰转位，将机控开关置隔离位，将换向手柄置中立位，再进行小复位，小复位后当显示屏所有数据恢复正常后才能加载。为防止小复位过程中产生惩罚制动，应及时操作无人警惕按钮、脚踏、风笛等。

3. 大复位方法

按压停机按钮停机后，除滑油泵、停放制动断路器外，将其他所有断路器全部断开，最后断开微机控制断路器，然后断开蓄电池闸刀，等待1 min后重新闭合蓄电池闸刀，再闭合各断路器，最后闭合微机控制断路器，听到两声中间转换电机转动声音后，闭合柴油机控制断路器，确认蓄电池电压不低于62 V，启动风压不低于680 kPa，启动柴油机。

二、故障处理基本原则

1. 机车FIRE显示屏提示故障信息时，要及时在FIRE显示屏上进行复位，选择“提示信息”，再选择“复位”。

2. 减少处理时间，优先使用小复位。

3. 小复位不能消除故障时再使用大复位。

三、曲轴箱压力异常停机的处理

1. 操作显示屏选中“柴油机停机—曲轴箱压力”并打开“更多详细记录”界面，查看左、右侧曲轴箱压力，若压力值为正值时，检查柴油机外观、曲轴箱压力传感器、油气分离器、机油油位是否正常，若存在异常，严禁二次启机，如图1-51所示。

2. 若上述检查无异常，或曲轴箱压力为负值时，按以下方式复位后启机，并在运行中注意观察曲轴箱压力值。

(1)按压显示屏调出“维护模式”信息，输入维护密码后，按“其他选择”中的【启机复位】键。

(2)断开微机控制断路器和电喷控制断路器，再依次闭合电喷控制断路器和微机控制断路器，启动柴油机，注意在柴油机启动后倾听是否有异音，如图1-52所示。

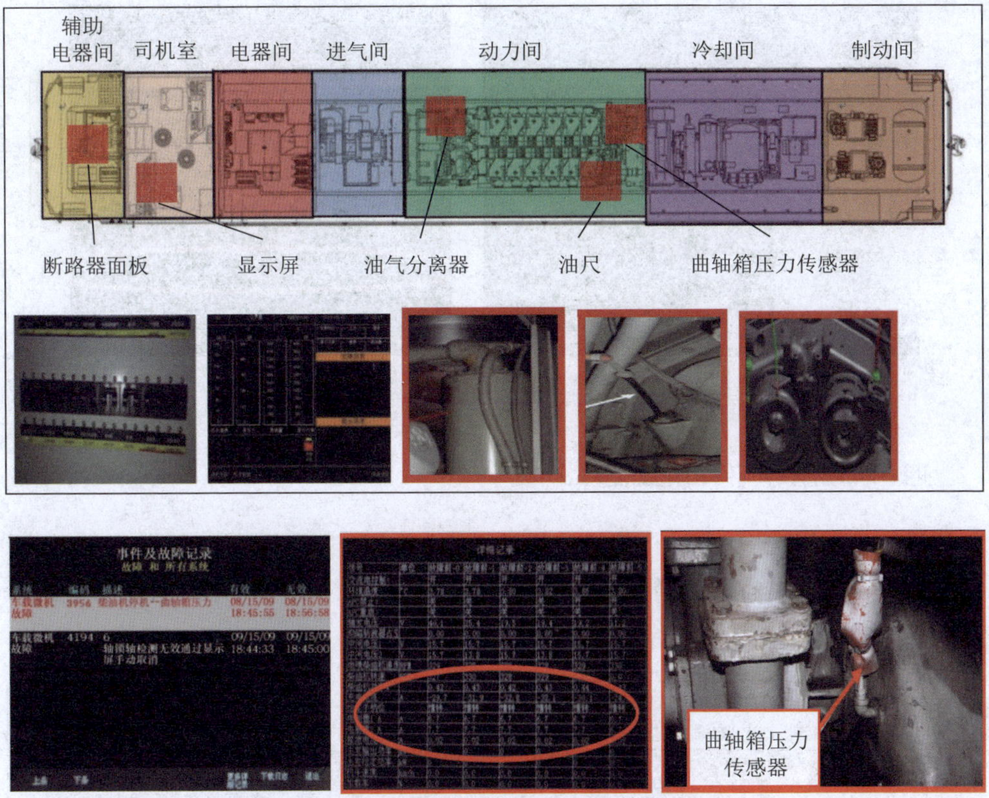

图 1-51　故障检查信息

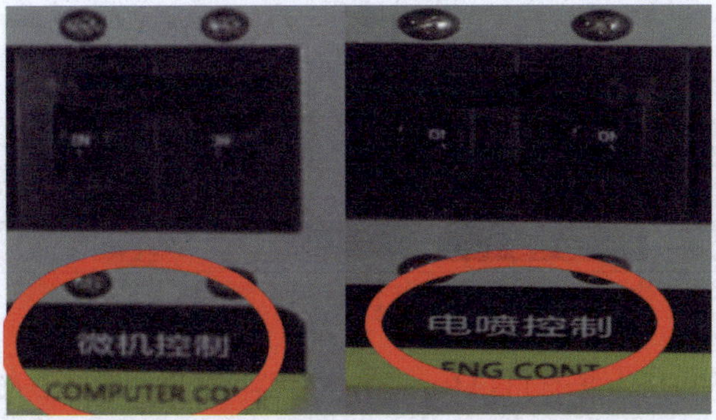

图 1-52　微机控制断路器及电喷控制断路器

（3）启机后调出“传感器数据”，主手柄 8 位进行空载试验，观察曲轴箱压力是否正常（0～－14 之间），检查无异常后可加载继续运行，如图 1-53 所示。

注意事项：严禁盲目打开曲轴箱检查孔盖，防止扩大后果。

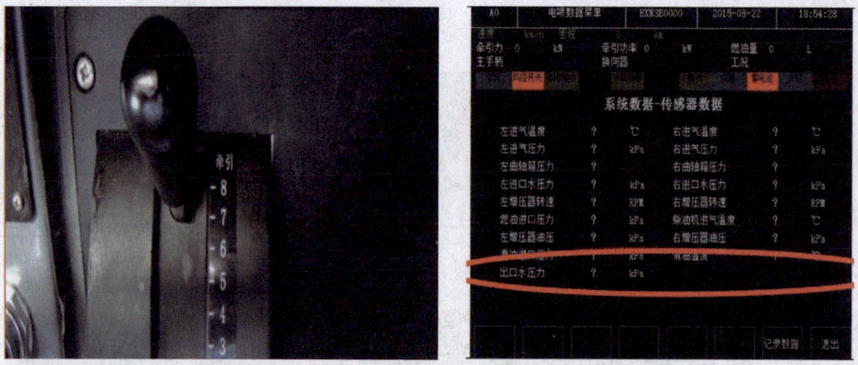

图 1-53　牵引主手柄及 FIRE 显示屏显示信息

四、机油压力低停机的处理

操作显示屏选中“柴油机停机—机油压力”并打开“更多详细记录”界面，查看机油进口压力及左右两侧增压器机油压力值，如图 1-54 所示，并根据压力值进行以下处理：

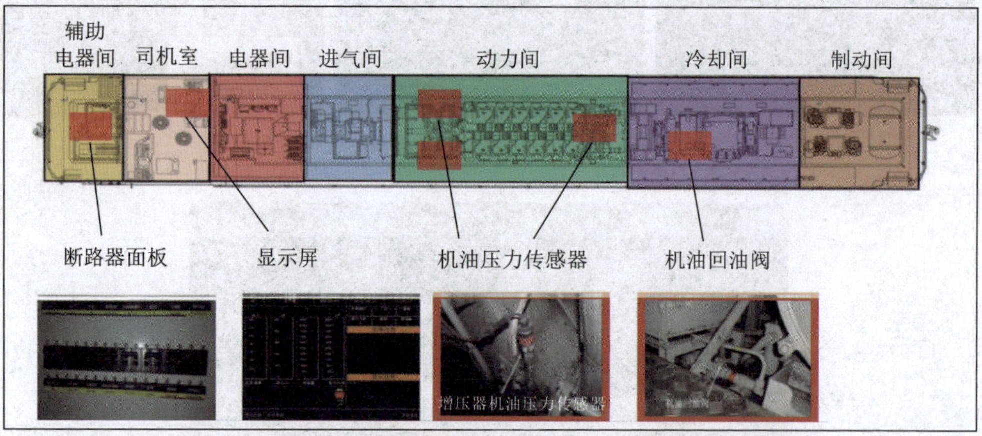

图 1-54　检查故障处所

1. 若机油进口压力低于 138 kPa，左右增压器机油压力均低于 60 kPa 时，一是检查柴油机机油油位是否符合标准，如机油位低于下刻线或高于上刻线 30 mm 以上并伴有柴油味，不得启动柴油机；二是检查机油回油阀是否在关闭位，如图 1-55 所示。

2. 若三个压力值均低于 30 kPa，禁止启动柴油机。

3. 若三个压力值中仅有一个低于限定值，为传感器误报，可启机维持运行，如图 1-56 所示。

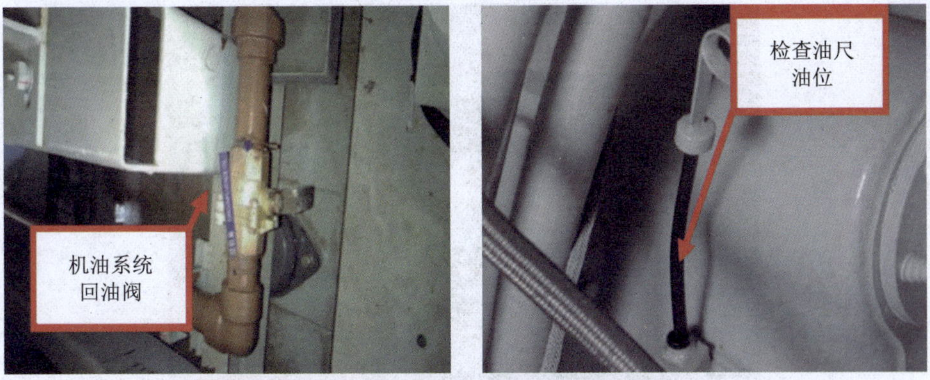

图 1-55　机油回油阀及油尺

图 1-56　机油压力传感器

五、燃油压力低停机的处理

1. 检查燃油箱油量，如燃油量不足应尽量前方站补充燃油，如图 1-57 所示。

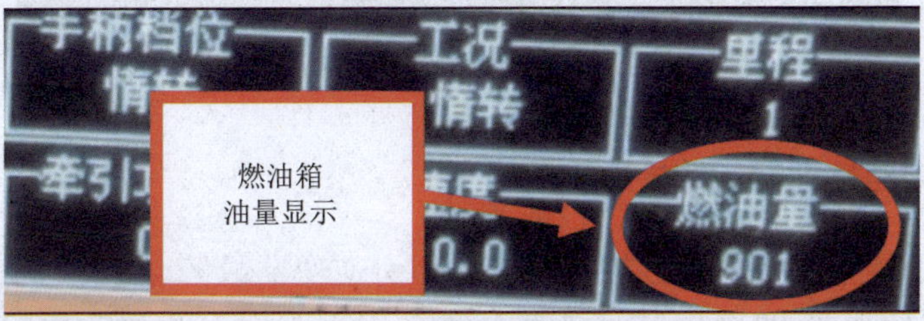

图 1-57　FIRE 显示屏显示油量信息

2. 观察燃油压力值，当低于 250 kPa 时，检查燃油回油阀位置是否正确，如图 1-58 所示。

图 1-58　燃油滤清器回油阀

3. 如柴油机停机无故障信息提示，进行燃油压力检测试验，检查燃油系统有无漏泄，并打开冷却间燃油滤清器放气阀排气处理，如图 1-59 所示。

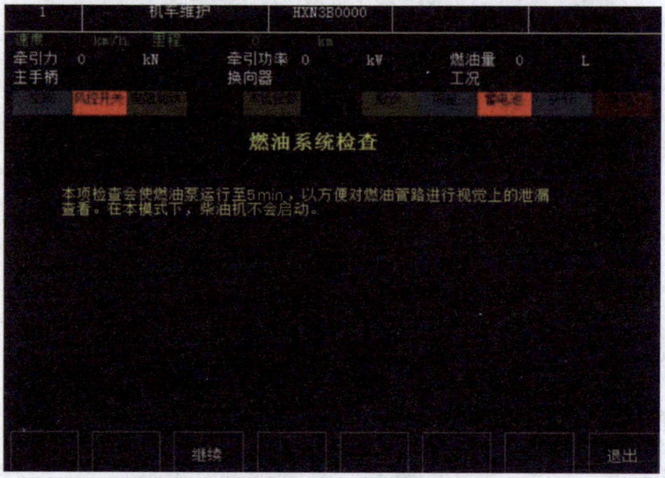

图 1-59　FIRE 显示屏显示燃油系统信息

六、主电路接地卸载的处理

1. 机车发生接地卸载后，并同时伴有牵引逆变器故障信息，回手柄重新进行加载，如果无法加载，将隔离开关置隔离位后，将故障的转向架切除，维持运用，如图 1-60 所示。

2. 如接地卸载并伴有锁轴故障时，应立即停车检查故障轴，并电话咨询技术专职进行处理。

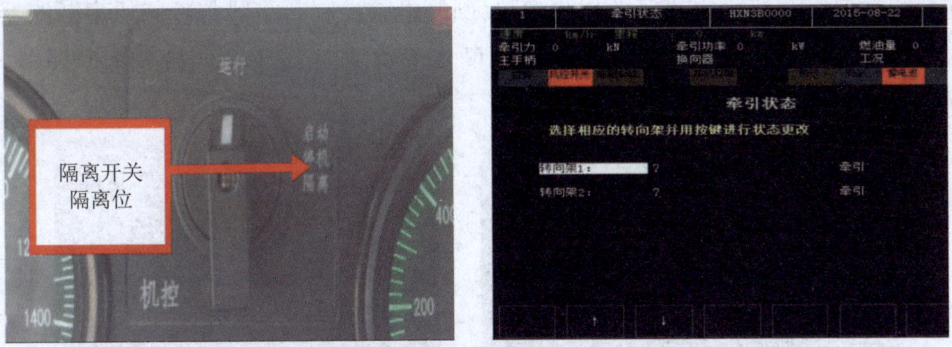

图 1-60　隔离开关及 FIRE 显示屏切转向架信息

3. 如只提示接地故障时，回手柄重新进行加载，如果无法加载，将隔离开关置隔离位，并分别将两个转向架切除确定接地部位，然后将故障转向架切除维持运行。

4. 接地复位办法：

（1）若显示屏提示信息中有“复位”选项，按压下方对应按键进行显示屏复位；

（2）若发生接地继电器锁定，且显示屏无复位信息，需断开、闭合微机控制断路器进行小复位处理。

注意事项：

（1）乘务员自行根据具体牵引情况确定机车切架功率减半后能否正常维持运行。

（2）切除转向架的方法：在副屏点击“机车数据”—“其他选择”—“牵引设置”，进入界面后可切除相应转向架，进行切除或恢复操作时需将机控开关打至隔离位。

七、显示屏故障的处理

1. 若两块显示屏同时黑屏，停车后检查电器间断路器面板上微机显示屏断路器状态，手动断开后重新闭合进行复位。

2. 若两块显示屏同时显示“？”时，断开微机控制断路器再闭合进行小复位操作。

3. 若一个显示屏黑屏，在不影响机车加载和缓解制动等正常操作时，可维持运用；在影响机车正常运行时，断开、闭合微机显示屏断路器，对微机显示屏进行复位处理。

八、冷却水温高的处理

1. 若显示屏提示冷却风扇断路器未闭合或冷却风扇逆变器通信故障，可不停车，主手柄置惰转位，隔离开关置隔离位，断开电脑控制断路器与冷却风扇断路器，5 s后再闭合，进行复位（机车已停车时，断电等待 30 s 后重新闭合相关断路器），如图 1-61 所示。

图 1-61　微机控制断路器及冷却风扇断路器

2. 若小复位无效或只有温度高减载提示，咨询技术专职进行处理。

九、牵引风机、主发风机、电气间除尘风机故障的处理

1. 检查风机电机有无过热、异味，吸风口有无堵塞。

2. 若上述检查无异常，且显示屏有复位信息时，按压复位键进行复位。

3. 若显示屏复位无效，先断开故障风机断路器，再断开微机控制断路器，等待 5 s（若已停车，等待 30 s）后依次闭合风机、微机控制断路器进行小复位，如图 1-62 所示。

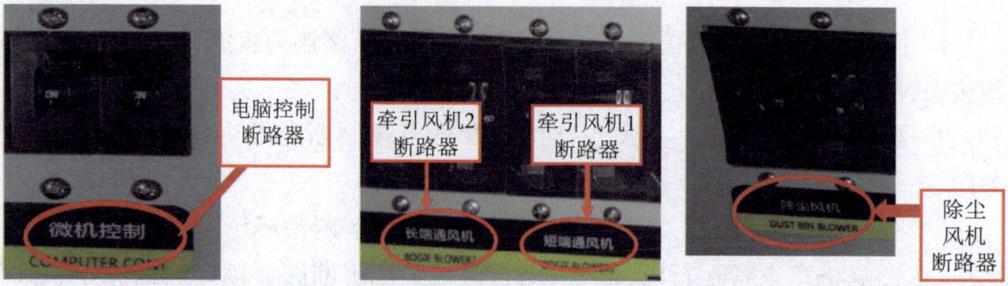

图 1-62　微机控制断路器及风机断路器

4. 若故障仍然存在，停机进行大复位。

注意事项：主发风机故障机车不能加载，故障 10 min 后柴油机自动停机。

十、空压机故障的处理

1. 一台风泵故障满足用风时可暂不处理，待机车空闲时进行小复位操作；主手柄惰转位，换向手柄中立位，断开故障空压机断路器和微机控制断路器，30 s 后闭合空压机断路器，再闭合微机控制断路器，如图 1-63 所示。

图 1-63　空压机断路器及微机控制断路器

2. 两台同时故障或风不够用时，按步骤 1 方法进行小复位。

3. 提示空压机油温高时，可按压显示屏其他选择—机车维护—输入授权维护密码—其他选择—空压机复位键进行复位操作。

4. 若发现故障空压机附近存在漏油问题，需将故障空压机控制断路器断开，如图 1-64 所示。

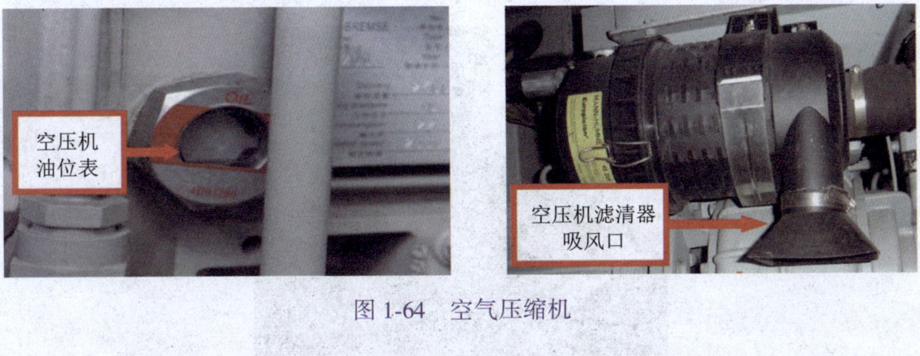

图 1-64　空气压缩机

十一、柴油机无法启动的处理

1. 根据显示屏信息提示检查相关断路器、开关及柴油机启动切除塞门位置是否正确，如图 1-65 所示。

2. 如提示小齿轮不到位，检查启动风缸压力过低时，按压“空压机手动”使用辅助风泵打风，检查小齿轮过脏缺油，对过脏齿轮进行处理。

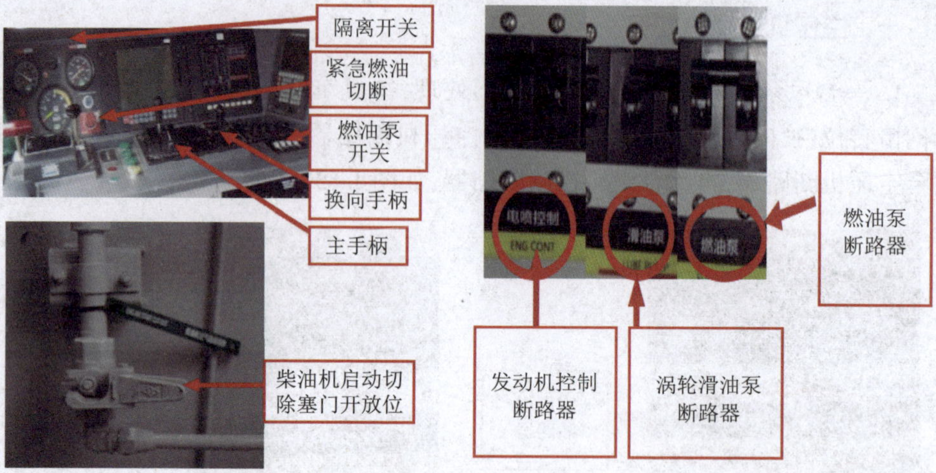

图 1-65　各相关断路器

3. 若曲轴转而柴油机不爆发且显示屏无故障提示信息时，按燃油压力低方法进行处理。

十二、机车无法换端或换端不缓解的处理

1. 若换端后显示屏提示“014”故障代码，须回原操纵端将电子制动阀 EBV 自阀手柄缓解后再置于重联位，然后重新换端，如图 1-66 所示。

图 1-66　司机室

2. 若无故障代码或故障提示，换回原操纵端，重新进行换端。

3. 重新进行换端操作仍无法缓解，若主屏“制动故障”图标没有点亮或闪烁，先断开制动机断路器，再断开微机控制断路器，等待 30 s 后依次闭合制动机、微机

控制断路器进行小复位。

4. 若主屏“制动故障”图标点亮或闪烁，进入显示屏查询空气制动系统故障信息，发现有含“077”故障代码，在原操纵端对电子制动阀 EBV 进行敲击或多次将自阀手柄置于紧急位后再缓解，待显示屏“制动故障”图标熄灭后再进行换端；发现有含“085”故障代码，对空气制动系统进行小复位处理，待显示屏“制动故障”图标熄灭后再进行换端。

第五节 DF5 型内燃机车应急故障处理

一、柴油机突然停机的处理

1. 首先确认 7ZK、8ZK 应在闭合位，然后检查燃油压力表若低于 150 kPa，分别检查 3ZK 和 RBC 状态，若 3ZK 断开手动闭合，若 RBC 未吸合，应顶上或短接 RBC 上的 141 与 155 线，如图 1-67 所示。

图 1-67 脱扣开关及 RBC 接触器

2. 若差示压力计 1XD 灯亮，检查差示压力计为误动作，可重新闭合 4K 启机；若差示压力计不是误动作，在未判明故障处所时严禁启机。

3. 检查极限调速器复原手柄，若动作，应将其恢复；若未动作，顶 LDT(DLS)启机，启机后确认滑油压力不低于 100 kPa 可维持运行，若滑油压力低于 100 kPa 时应立即停机。

4. 手动推动 1~8 缸喷油泵供油齿条，确认无卡滞现象，如发现有喷油泵供油齿条卡死，可将该缸甩除，如图 1-68 所示。

5. 若顶上 LDT(DLS)后仍不能启机，可手动扳动供油拉杆启机并维持运行到前方站。

图 1-68　LDT(DLS)及供油齿条

二、柴油机转速不升不降的处理

1. 检查无级调速驱动器,如指示灯亮,更换另一套;如指示不亮,为 RBC 上的 101B 与 159A 间联锁触头不良,将其短接或打磨触头。

2. 手动推动 1~8 缸喷油泵供油齿条,确认无卡滞现象,如发现有喷油泵供油齿条卡死,可将该缸甩除。

3. 若更换另一套驱动器后仍不能调速时,应将驱动器上的插头拔下,进行手动调速,如图 1-69 所示。

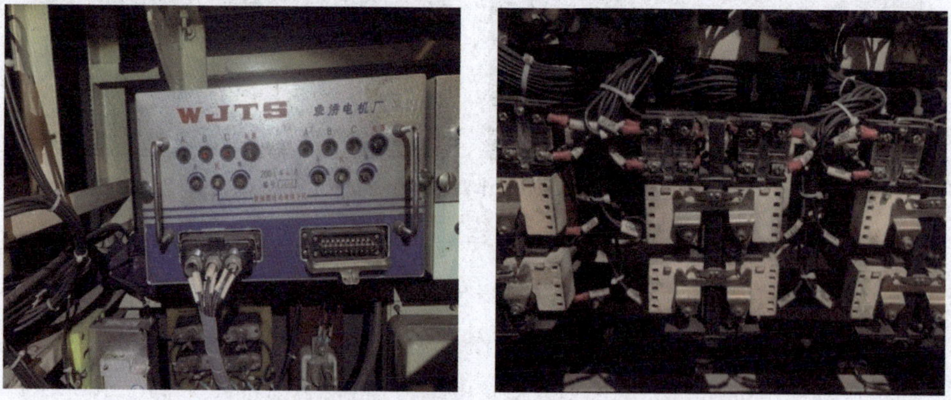

图 1-69　无极调速器及 RBC 接触器

三、辅助发电不发电的处理

1. 若电流表显示放电,手按 2KA,风泵能泵风,为 2RD 断,运行中可暂不处理,时间允许时更换 2RD。

2. 闭合 8K,使用固定发电,若 GFC 不吸合,可将其顶上。

3. 检查 1ZK,并重新闭合。

4. 有双套设备的可转换另一套备份设备,如图 1-70 所示。

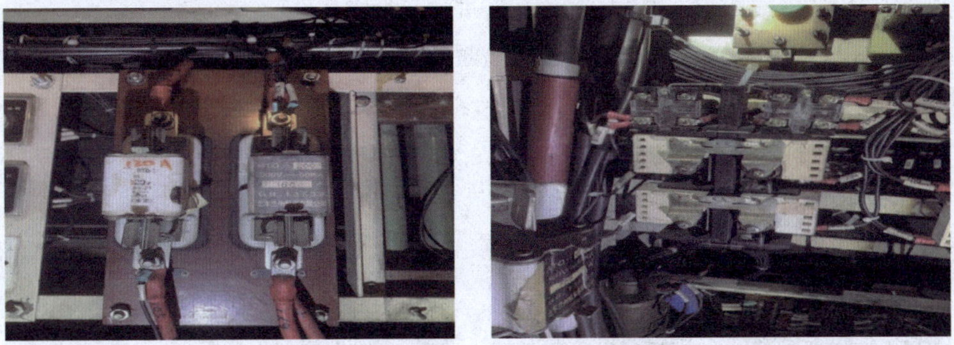

图 1-70　充电保险 2RD 及 GFC 接触器

四、水温高报警灯亮，柴油机卸载的处理

1. 首先确认水温表温度是否正常,如水温正常,为 2ZJ 误动作,可短接 2ZJ 上的 387A 与 389 线。

2. 如水温超过 88 ℃时,应一看大风扇、二拧温控阀、三开百叶窗,如图 1-71 所示。

图 1-71　水温继电器 2ZJ

五、加不上载，卸载灯亮的处理

1. 如 LLC、1～6C、LC 都不吸，顶 LC、LLC；也可短接 2HKf 上的 339 与 3C 上的 409 线（前进位）或短接 349 与 409 线（后进位）。

2. 如 LLC 吸合，1～6C、LC 未吸合，短接 LLC 上的 313 与 315 线，如图 1-72 所示。

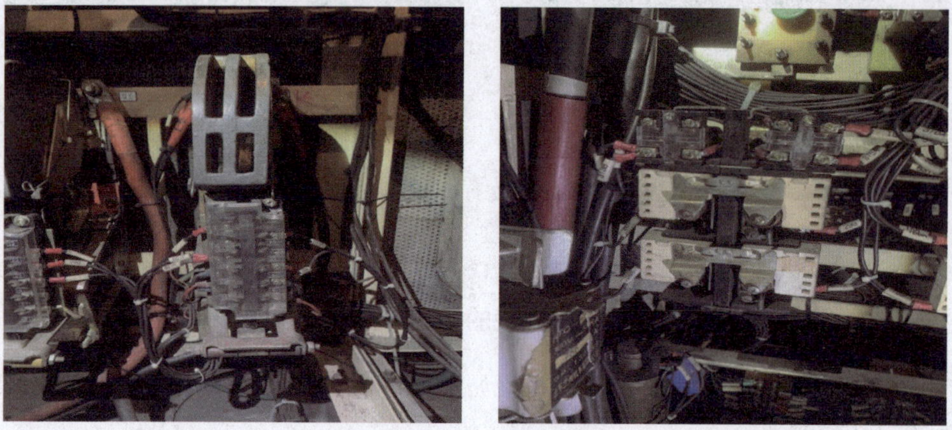

图 1-72　LLC 及 LC 接触器

3. 如 LLC、1～6C 吸合，LC 未吸合，将 1～6GK 逐个置故障位，当某一 GK 置故障位后，LC 吸合，为该 GK 所对应的 1～6C 常开触头接触不良，将其短接或打磨该触头。

4. 如 LC 仍不吸合，手动将 LC 顶上。

5. 已加装应急开关（二路电源）的，闭合该开关维持运行如图 1-73 所示。

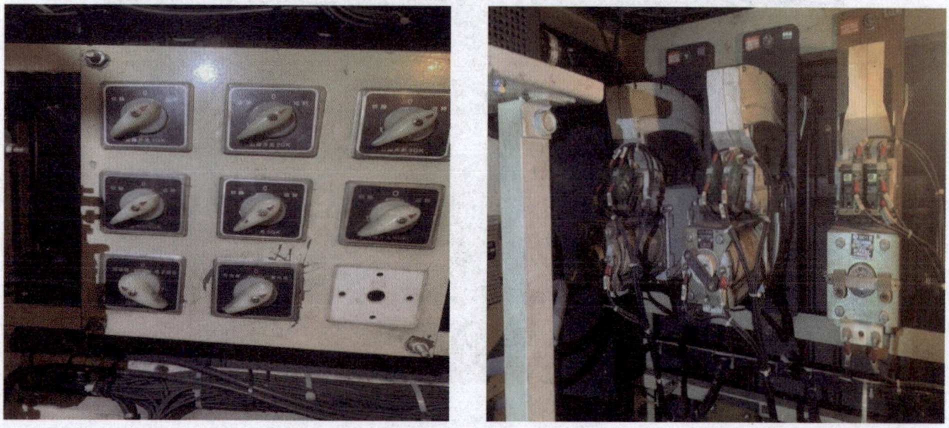

图 1-73　故障开关 GK

六、提主手柄，卸载灯灭，无流无压的处理

1. 确认 5ZK 在闭合位时，断 6K，同时将励磁转换开关 LK 置原励磁位，使用原励磁维持运行。

2. 如使用原励磁仍不能走车时，应检查 LLC、LC 主触头是否接触不良，平稳启动电阻 Rlk 和励磁调节电阻 Rlt 是否断路。

3. 检查测速发电机皮带及碳刷。

七、机车主回路接地、过流的处理

1. 主手柄回零位，解锁 DJ，将接地开关置负端位，如不接地，可维持运行。

2. 再接地，解锁 DJ，接地开关仍在负端位，利用牵引电机故障开关 GK 判断出故障电机并将其切除（甩电机时，应按照 1 和 6，2 和 3，4 和 5 成对甩），如图 1-74 所示。

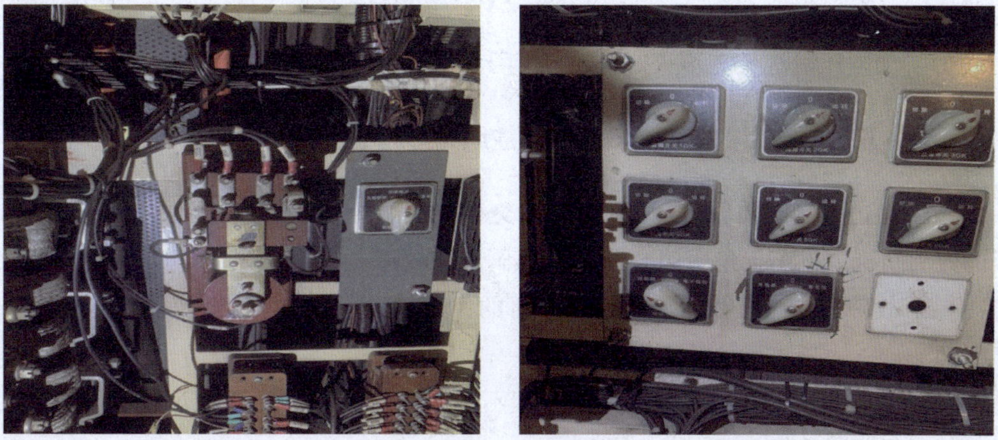

图 1-74　接地继电器及故障开关 GK

3. 用牵引电机故障开关仍判断不出接地处所时，咨询技术专职进行处理。

八、闭合空压机开关，空压机不打风的处理

1. 手按 2KA，空压机工作，为空压机开关 7K 本身故障或风压开关 3YJ 故障，运行中可不处理，使用 2KA 控制空压机工作。

2. YC（YRC）吸合，空压机灯亮，为空压机熔断器 4RD 断，应断开空压机开关，

更换熔断器。

3. 手按 2KA 空压机仍不能工作时，可手动闭合 YC、YRC 维持，如图 1-75 所示。

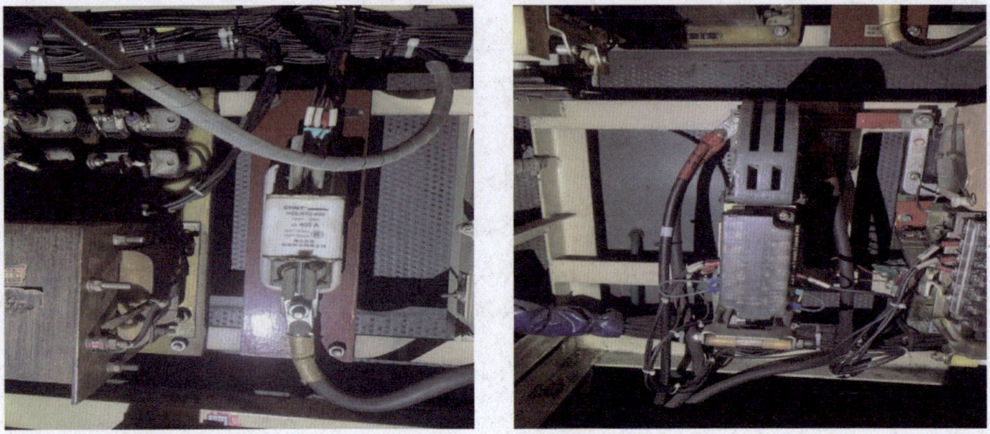

图 1-75　风泵熔断器

4. 如空压机灯长亮不灭时，应及时手动闭合 YRC，以防止烧坏降压电阻。

九、紧急制动后机车不缓解，自阀放风阀排风不止的处理

1. 敲击自阀阀体，将自阀手柄反复交替置于过充位和紧急制动位（带有车辆的先关闭机后机车折角塞门），排除放风阀卡滞故障。

2. 故障不能排除时，可关闭自阀的列车管塞门（在司机座椅左侧地板下部）。

3. 此时自阀前五位操纵列车正常但不能通过自阀进行紧急制动，需紧急制动时使用紧急制动阀。

注意事项：关闭自阀的列车管塞门时，换端时将该端的中继阀列车管塞门关闭。

十、中继阀排风口排风不止的处理

敲击中继阀体，如图 1-76 所示。

图 1-76 中继阀及分配阀

复习思考题

1. HXN3 型内燃机车柴油机停机的处理方法是什么？
2. HXN3 型内燃机车主、辅发电机无输出的处理方法是什么？
3. HXN3 型内燃机车锁轴的处理方法是什么？
4. HXN3 型内燃机车开关量输入输出系统故障卸载的处理方法是什么？
5. HXN5 型内燃机车柴油机停机的处理方法是什么？
6. HXN5 型内燃机车显示器故障的处理方法是什么？
7. HXN5 型内燃机车惩罚、紧急制动的处理方法是什么？
8. HXN5 型内燃机车柴油机不能启动的处理方法是什么？
9. DF4 型内燃机车柴油机突然停机的处理方法是什么？
10. DF4 型内燃机车柴油机转速不升不降的处理方法是什么？
11. DF4 型内燃机车辅助发电不发电的处理方法是什么？
12. DF4 型内燃机车水温高报警灯亮，柴油机卸载的处理方法是什么？
13. HXN3B 型内燃机车小复位方法是什么？
14. HXN3B 型内燃机曲轴箱压力异常停机的处理方法是什么？
15. HXN3B 型内燃机车显示屏故障的处理方法是什么？

16. HXN_{3B} 型内燃机车冷却水温高的处理方法是什么？
17. DF_5 型内燃机车柴油机突然停机的处理方法是什么？
18. DF_5 型内燃机车机转速不升不降的处理方法是什么？
19. DF_5 型内燃机车辅助发电不发电的处理方法是什么？

第二章

机车检查

知识目标

通过学习，掌握各型机车检查方法。

能力目标

能够准确呼唤机车部件名称，掌握尺寸限度、技术参数及要求。

素质目标

勤学苦练，树立防止机车带病出库的安全意识。

第一节 假设标识与检查要求

一、假设标识

假设标识见表 2-1。

表 2-1 假设标识

序号	假设名称	假设部位	标识	备注
1	裂纹	牵引装置、轴箱弹簧、油水管路等	—	白色粉笔画长 10～15 mm、宽 3 mm 的线段
2	烧损	转动部件轴承及电气触头、接线端子	●	红色粉笔涂一点状
3	碾片	各种带合金的轴瓦	薄合金片	合金片或烟盒锡纸片
4	擦伤	机车动轮踏面	◎	白色粉笔画直径 40 mm 的圆
5	剥离	机车动轮踏面	⊙	白色粉笔画直径 40 mm 的圆，点白点

续上表

序 号	假设名称	假 设 部 位	标 识	备 注
6	丢失	各种部件缺失	—	开口销、垫圈、油堵等
7	安装不合理	组装件不符合图纸要求	—	不符合图纸及钳工基础要求
8	缺油	润滑部件表面缺油	目视：油润黑并且干燥	给油部件表面
9	拉伤	滑动部件拉伤	三	白色粉笔画三横
10	电气机能试验	控制及辅助电气机能试验	—	动态性能试验
11	制动机机能试验	自动制动机机能试验	—	动态性能试验

二、机车检查方法

1. 锤 检 法

(1)锤击法。

(2)锤触。

(3)锤撬。

2. 手 检 法

(1)手动：不适宜锤检部件应用手动检查。手动包括晃、拍、握、拧。适用于较细小的螺栓、管接头、各种阀门及仪表、电器等。

(2)手触：主要适用于检查有关部件的温度、管路的振动、高压油管的脉冲等。

注意事项：在运行中不能进行手触温度检查部件，应在停车后马上进行，手触时应先用手指感觉温度，再用手背判断温度。

3. 目 视 法

(1)使用目视法时做到手、眼、锤、灯配合协调，动作一致。

(2)电机火花等级有5种：1级无火花；1/4级电刷边缘及小部分微弱的火花点或者非放电性红色小火花；1/2级电刷边缘全部或大部分有轻微的火花；2级电刷边缘全部或大部分有强烈的火花；3级电刷的整个边缘有强烈的火花，同时有大火花飞出。

4. 测 量 法

使用塞尺、直尺、卷尺及专用工具测量有关部件正常间隙、距离、行程等各限度尺寸。

5. 测 试 法

使用万用表测试电压、电阻、电流的数值，使用试灯测试电路中的断路、虚接等故障。

试灯有正灯、负灯之分。线夹接正线时称为正灯，线夹接负极线时称为负灯。正灯用于测试电器负端电器故障，负灯用于测试电器的正端电器故障。

三、温度判断方法

温度判断方法见表 2-2。

表 2-2 温度判断方法

热 别	相应的温度	判别方法
平热	40 ℃上下	能长时间手触
微热	70 ℃上下	手触能持续 3 s
强热	150 ℃上下	不能手触
激热	150 ℃上下	变色
烧热	150 ℃上下	生烟

四、机车检查注意事项

1. 对机车上的风管、油管、水管接头及有压力的部件禁止用检查锤敲击。对各部件的光洁面或两摩擦部件的接触面禁止用检查锤敲击。敲击螺母时，不得向松动的方向敲击，不要敲在螺母的方棱或丝扣上，敲击的轻重应根据螺母的大小决定。

2. 试验电气装置时，厉行呼唤应答制度，确认各转动部件无碍后方准进行试验。检查带电部件及转动部件禁止手触，以防触电或被电动部件打伤。

3. 检查作业中，要注意人身安全，禁止跳越地沟。在无接触网线路上检查机车顶部时，要站稳、抓牢。

4. 启动柴油机前，必须确认柴油机各部状态良好，且须两人紧密联系，确保安全。试验制动机前，应确认车底无作业人员，厉行呼唤应答制度与鸣笛规定。

5. 启机（升弓）后，离开司机室时，应实行单阀制动，下车前，应将换向手柄置于中立位，励磁开关断开位。

五、机车检查要求

1. 机车检查前必须遵守“先联系，后检查”的制度，并通知有关作业人员，在操作手柄开关处挂好禁动标志。

2. 检查机车时应做到，顺序检查，不错不漏；姿势正确，步伐不乱；锤分轻重，目标准确；目视耳听，仔细周到；鼻嗅手触，灵活熟练；仪表量具，动用自如；判断故障，迅速果断。

3. 检查带有压力的管子、细小管接头螺母、14 mm 及其以下的螺母以及对光洁度要求较高或有镀层的部件时，禁止锤击。用手晃动、拍击、拧动部件时要用力适当，防止损伤部件，尤其是检查线路接头与紧固件松紧度时，要顺时针拧动。禁止反方向敲击螺母、螺栓或打在螺栓、螺母的棱角上。检查带电部件及转动部件时，禁止手触，以防触电或挤伤。

4. 对加封的零部件（如铅封、漆封）严禁随意破封，各种保护装置不得随意变动其作用参数，各部件检查后，必须恢复定（原）位。

5. 检查机车时要注意人身安全，严禁跳越地沟。

6. 电力机车进行登顶作业时，机车必须停在安全区内，并办妥停电手续，挂好接地线后方能进行，上车顶必须由车顶门登上整备台架专用通道，严禁从其他地方爬上车顶。在检查中，应注意防止跌落和摔伤，确保人身安全。

7. 电力机车升弓作高压试验前，必须确认各高压室和地沟内无人后方可进行，高压试验、升弓、降弓，必须按规定鸣笛和呼唤应答后方可进行，以保证人身安全。

第二节　HXN3 型内燃机车检查程序与标准

一、司机全面检查机车程序

机车检查由机车的后端部开始—机车右侧—机车前端部—机车左侧—由机车的后端部下地沟检查机车底部—机车前端部出地沟—机车Ⅰ司机室的左侧门上车—Ⅰ司机室—电气间右侧—电阻制动间右侧—空气间右侧—柴油机间右侧—冷却间右侧—Ⅱ司机室—冷却间左侧—柴油机间左侧—空气间左侧。检查完空气间左侧后，由原路返回Ⅱ司机室，机车全面检查完毕，如图 2-1 所示。

二、HXN3 型内燃机车走行部检查标准

HXN3 型内燃机车走行部检查标准见表 2-3。

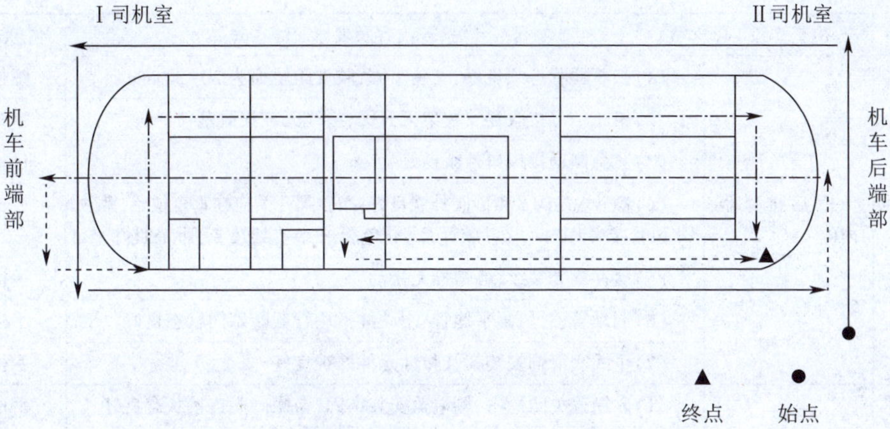

图 2-1　HXN3 型内燃机车司机全面检查程序

表 2-3　HXN3 型内燃机车走行部检查标准

顺 序	检查部位	检查内容及要求	方法
一、机车后端部	1. 左半部	(1)头灯及标志灯外观完好	目检
		(2)排障器安装牢固,无变形,距轨面高度(110±10)mm	测量
		(3)脚踏板无裂损变形	锤检
	2. 车钩	(1)钩提杆无变形,提钩自动开放,无抗劲,全开位 220~250 mm	测量
		(2)车钩摆动灵活,无裂纹	手检
		(3)钩体、钩舌各部无裂纹	目检
		(4)钩舌销无折损,开口销完好(开度为 60°),径向间隙 1~4 mm	测量
		(5)钩舌锁闭作用良好,放跳台不少于 90°,锁闭位 110~130 mm	测量
		(6)车钩托板无裂纹,调整垫片无窜出,摩擦板无开焊	目测
		(7)车钩中心线距轨面高度(880±10)mm	测量
	3. 制动软管/总风缸平均管/制动缸平均管	(1)软管卡子状态良好	锤检
		(2)折角塞门状态良好,各部无漏风	手检
		(3)制动管防尘垫及安全链齐全、状态良好	手检
		(4)连接器无缺陷,胶圈无老化、丢失、口面与地面垂直	手检
		(5)软管无老化龟裂,卡箍无松动,紧余量不少于 5 mm	手检
		(6)软管试验期不超过 3 个月	目检
		(7)风管与机车中心线夹角 45°	目测
	4. 右半部	(1)机车重联插座外观良好,罩盖严密	手检
		(2)其他参照机车后端部检查第 1 项	—

续上表

顺 序	检查部位	检查内容及要求	方法
二、走行部右侧	1. 后排障器内侧	(1)扫石器状态须良好,安装牢固,胶皮距轨面为20~30 mm	锤检
		(2)机车信号接收器安装架无开焊,接线无破损脱落	目检
		(3)紧急制动排风口外观良好	目检
		(4)撒砂电磁阀及撒砂阀外观良好,撒砂阀开关应在垂直位置,撒砂来风管接头无松动,撒砂胶管无老化龟裂,安装支架及卡子状态良好	手检
		(5)缓冲梁无裂纹,各螺栓无松动	锤检
		(6)制动管、总风缸平均管、制动缸平均管截断塞门状态良好	手检
		(7)干式润滑剂安装架及弹性元件外观良好	手检
	2. 第四撒砂装置及附近	(1)砂箱盖关闭严密,侧端盖安装牢固,与撒砂阀连接状态良好	手检
		(2)转向架照明灯完好	目检
		(3)外电源插座完好	目检
		(4)撒砂管及扫石器安装支架无开焊、变形,安装螺栓无松动	锤检
		(5)车梯无开焊,手把杆安装牢固	锤检
	3. 第六动轮	(1)踏面无擦伤、剥离,擦伤深度不大于或等于0.7 mm。踏面磨耗深度不大于或等于7 mm	测量
		(2)轮缘、踏面、轮辋、轮盘和轮毂上无裂纹或破裂	目检
		(3)轮缘垂直磨耗高度不大于18 mm,并无碾堆	测量
		(4)动轮轮径(新轮)1 050 mm,禁用975 mm	目检
	4. 第六轴箱及弹簧	(1)偏转止挡外观良好,无裂纹	锤检
		(2)轴箱上箱体安装牢固,保持器螺栓无松动	目检
		(3)轴箱弹簧无倾斜、裂纹,自锁链条外观完好	目检
		(4)横向止推垫板外观完好,间隙不大于1 mm	测量
		(5)封闭轴箱无漏油,螺栓无松动,运用温度不超过56°	锤检
		(6)轴箱拉杆及座无裂纹,拉杆连接无松动	锤检
	5. 第四油压减振器	(1)垂向减振器体无漏油	目检
		(2)安装架及穿销无裂纹,安装牢固	锤检
	6. 第六单元制动器	(1)闸瓦安装正确,无偏磨、裂纹,各穿销锁闭良好	目检
		(2)闸瓦穿销完好	目检
		(3)闸瓦与动轮踏面的间隙为6~8 mm,闸瓦厚度不小于15 mm	目检
		(4)制动缸螺栓齐全无松动	手检
		(5)制动器安装螺栓齐全无松动	锤检
		(6)排气堵无松动,盖板螺栓无松动	手检
		(7)制动缸风管接口紧固螺母无松动漏风	手检

续上表

顺序	检查部位	检查内容及要求	方法
二、走行部右侧	7. 第四橡胶旁承	橡胶堆完好无破损,表面龟裂深度不大于 1.5 mm	目检
	8. 牵引杆装置、车体侧挡及抗蛇行油压减振器	(1)牵引杆、拐臂、牵引座各部无裂纹	目检
		(2)牵引销托板无裂纹,螺栓无松动。拐臂销螺栓无松缓	锤检
		(3)车体侧挡外观完好,无异常磨耗	目检
		(4)侧挡与车体间隙 28~32 mm	测量
		(5)抗蛇行油压减振器外观良好,无漏油	目检
	9. 第五动轮	同走行部右侧检查第 3 项	—
	10. 第五轴箱及弹簧	同走行部右侧检查第 4 项	—
	11. 第五单元制动器	同走行部右侧检查第 6 项,增检:停放制动风缸良好,手动缓解手柄作用良好,插销位置正确	—
	12. 第三橡胶旁承	同走行部右侧检查第 7 项	—
	13. 第四动轮	同走行部右侧检查第 3 项	—
	14. 第四轴箱及弹簧	光电传感器安装牢固,接线无松动;其他同走行部右侧检查第 4 项	—
	15. 第三油压减振器	同走行部右侧检查第 5 项	—
	16. 转向架照明灯	灯罩无破损,灯泡良好	目检
	17. 第四单元制动器	同走行部右侧检查第 6 项	—
	18. 空气干燥器	安装牢固,各安装螺栓无松动	手检
		电源接线外观完好	手检
		风管接头螺母无松动漏风	手检
		湿度指示器显示应为蓝色	目检
		干燥器上的各螺栓无松动	手检
		排污阀排气是否正常,间隔时间为 1 min	目检
		机油放油管外观完好,无漏油,卡子无松动、裂纹	手检
	19. 停放制动指示器	作用应良好,使用停放制动时,该指示器探头应探出,缓解停放制动时,应收回	目检
	20. 第三撒砂装置及附近	同走行部右侧检查第 2 项	—

续上表

顺 序	检查部位	检查内容及要求		方法
二、走行部右侧	21. 第二总风缸	风缸体无漏风		目检
		来风管及出风管无漏风		目检
		总风缸排水阀作用良好		手检
		总风缸排水阀防护罩无开焊，外观无变形		目检
	22. 电子油位表	外观完好，柴油机启动后应显示正常		目检
	23. 燃油箱加油口及油位表	燃油箱加油口外观完好，加油口盖严密		手检
		玻璃油位表无破损，油位显示清晰，无漏油		目检
	24. 车体侧面紧急断燃油按钮	外观完好，停机作用良好		目检
	25. 第二撒砂装置及附近	同走行部右侧检查第 2 项		—
	26. 蓄电池	(1)蓄电池箱外观完好，安装螺栓无松动		锤检
		(2)蓄电池箱安装座无开焊		目检
		(3)蓄电池箱门锁闭装置良好		手检
		(4)打开蓄电池箱门检查内部(先断开蓄电池闸刀，严禁吸烟及明火作业，禁止金属器具放在跨线板上)	①蓄电池箱内部应清洁干燥，电解液无溢漏	目检
			②各单节跨线板无松动、烧损、氧化	手检
			③箱间连接线无松动、烧损、绝缘无破损	手检
			④各单节电压不低于 2 V	测量
			⑤单节外观无应良好	目检
		(5)复轨器安装架无开焊，卡箍紧固良好，护杆安装良好		手检
	27. 380 V 外电源插座	罩盖严密		手检
		插座外观良好		目检
	28. 转向架照明灯	同走行部右侧检查第 16 项		—
	29. 第三动轮	同走行部右侧检查第 3 项		—
	30. 第三轴箱及弹簧	同走行部右侧检查第 4 项		—
	31. 第三单元制动器	同走行部右侧检查第 6 项		—
	32. 第二油压减振器	同走行部右侧检查第 5 项		—

续上表

顺 序	检查部位	检查内容及要求	方法
二、走行部右侧	33. 牵引杆装置、车体侧挡及抗蛇行油压减振器	同走行部右侧检查第8项	—
	34. 第二单元制动器	同走行部右侧检查第11项	—
	35. 第一单元制动器	同走行部右侧检查第6项	—
	36. 第一动轮	同走行部右侧检查第3项	—
	37. 第一轴箱及弹簧	同走行部右侧检查第4项	—
	38. 第一油压减振器	同走行部右侧检查第5项	—
	39. 第一撒砂装置及附近	同走行部右侧检查第2项	—
	40. 前排障器内侧	参照走行部右侧检查第1项，在该项中，无制动管检查内容，只有总风缸平均管和制动缸平均管检查内容	—
三、机车前端部	参照机车后端部检查内容及要求		
四、走行部左侧	增检	1. 左一砂箱及附近项，增检卫生间排污阀、管、上水管外观完好，排污口严密	手检
		2. 左三轴光电传感器安装牢固，接线无松脱	手检
		3. 前后台车转向架制动缸截断塞门应在全开位	手检
		4. 第一总风缸自动/手动排水阀外观良好，无漏泄，自动排水作用良好	手检
		5. 空气过滤器安装架无开焊，风管及过滤器体接口无漏风，过滤器体安装螺栓无松动	手检
		6. 第一总风缸安全阀及第三总风缸安全阀外观良好，无漏风	手检
		7. 各制动管接母、卡子，逆止阀，截断塞门等空气系统附件状态良好，位置正确	手检

续上表

顺 序	检查部位	检查内容及要求	方法
五、车底后半部	1. 车钩缓冲装置	(1)车钩圆销、止推销外观完好,开口销良好、开度符合标准	目检
		(2)缓冲器外观完好,各部无裂纹	目检
		(3)缓冲器托板良好,螺栓紧固	锤检
		(4)车体构架及缓冲梁无开焊	目检
	2. 单元制动器	(1)制动器安装螺栓无松动	手检
		(2)制动缸螺栓无松脱	手检
		(3)闸瓦安装正确无断裂	目检
	3. 第六动轮及附近	(1)干式润滑剂与动轮接触良好	目检
		(2)撒砂管口位置无偏移,高度符合标准,管卡良好	手检
		(3)动轮踏面无擦伤、剥离	目检
		(4)轮缘磨耗无到限、碾堆	目检
		(5)轮辐无裂纹	目检
		(6)牵引电机大线无烧损,夹板无松动、丢失	锤检
	4. 第六抱轴箱	(1)抱轴箱安装螺栓无松动	锤检
		(2)抱轴箱加油堵防尘盖无丢失	目检
		(3)抱轴箱外观良好	目检
	5. 第六齿轮箱	(1)齿轮箱无漏油	目检
		(2)齿轮箱加油口严密	手检
		(3)齿轮箱合口螺栓无松动、丢失	锤检
		(4)齿轮箱安装螺栓无松动、丢失	锤检
		(5)齿轮箱放油堵无松动、漏油	手检
		(6)齿轮箱透气孔良好	目检
	6. 第六牵引电机外部	(1)电机通风道外观完好,无裂损,安装卡子无松脱	手检
		(2)电机悬挂吊杆无倾斜、裂纹	目检
		(3)螺栓无松动	锤检
		(4)安全托铁安装螺栓无松动,安装座无裂纹	锤检
		(5)悬挂吊杆座无裂纹	目检
	7. 第五单元制动器	同车底后半部检查第2项,增检:停放制动风缸安装牢固,风管接母无松动、漏泄,横向减振器参照垂向减振器检查内容	手检
	8. 第五动轮及附近	同车底后半部检查第3项,注:该轮处无撒砂检查内容	—
	9. 第五抱轴箱	同车底后半部检查第4项	—

续上表

顺 序	检查部位	检查内容及要求	方法
五、车底后半部	10. 第五齿轮箱	同车底后半部检查第 5 项	—
	11. 第五牵引电机外部	同车底后半部检查第 6 项	—
	12. 第四动轮及其附近	同车底后半部检查第 8 项	—
	13. 第四抱轴箱	同车底后半部检查第 4 项	—
	14. 第四齿轮箱	同车底后半部检查第 5 项	—
	15. 第四牵引电机外部	同车底后半部检查第 6 项	—
	16. 第四单元制动器	同车底后半部检查第 2 项，增检：横向减振器参照垂向减振器检查内容	—
	17. 第三总风缸	安装架无开焊，安装螺栓无松动、丢失	手检
	18. 燃油箱后端部	(1)燃油箱放水堵外观完好，无漏油	手检
		(2)燃油箱外观完好，无破损处所	目检
		(3)燃油箱清扫堵安装牢固，无漏油	手检
六、车底前半部	参照车底后半部检查内容及要求。 注：车底前半部内容中，第三总风缸及附近的内容不在检查范围内。 增检：1. 机车车号识别装置安装牢固，接线无松动、脱落。 2. 机车雷达外观良好，清扫喷嘴位置正确(对准雷达工作面)，风管接母无松动、漏风，接线无松动、脱落		手检
七、第一司机室	1. 司机室左侧	(1)侧门完好，锁闭器所用良好	手检
		(2)侧窗完好，窗帘动作良好、无破损	手检
		(3)侧壁电暖气外观良好，打印口良好	目检
		(4)前瞭望窗玻璃完整清洁，遮光网完好、作用良好	手检
		(5)刮雨器胶皮无脱落、破损、作用良好，喷淋作用良好。风扇及阅读灯良好	手检
		(6)各开关作用良好，位置正确	手检
		(7)自动制动阀、单独制动阀位置正确	手检
		(8)风表状态良好，检验日期符合标准	目检
		(9)重联电话状态良好，作用良好	手检
		(10)脚踏撒砂阀作用良好	脚踏

续上表

顺 序	检查部位	检查内容及要求	方法
七、第一司机室	1. 司机室左侧	(11)警惕功能按钮完好	手检
		(12)司机座椅无破损，调整作用良好	手检
	2. 中部	(1)监控器及主、副 FIRE 显示屏状态良好	手检
		(2)扳键开关面板上的扳键开关位置正确，开关作用良好	手检
		(3)柴油机启动面板上的隔离开关在隔离位，紧急断燃油按钮在工作位，柴油机启动按钮外观完好	手检
		(4)柴油机自启动面板上面的三个指示灯外观完好，给电后，不工作指示灯应点亮	目检
		(5)滑动开关面板上的柴油机运转、主发励磁、燃油泵控制、电阻制动切除及他车柴油机停机扳钮位置正确，作用良好	手检
		(6)手动风笛开关作用良好	手检
		(7)主控制器惰转位，换向手柄取出位	手检
		(8)无线列调及列尾装置作用良好	手检
		(9)操纵台侧面板上的各开关作用良好	手检
		(10)冰箱、微波炉外观完好，作用良好	手检
	3. 司机室右部	(1)电源插座外观良好	目检
		(2)操纵台侧面板开关作用良好	手检
		(3)打开操纵台侧挡板检查喷淋水箱应不缺水，加水口盖完好	手检
		(4)侧窗关闭严密，锁闭良好，窗帘动作良好、无破损	手检
		(5)侧壁电暖气良好	手检
		(6)风扇及阅读灯良好，头灯后盖锁闭严密	手检
		(7)司机座椅无破损，调整作用良好	手检
	4. 司机室后墙	(1)卫生间门关闭严密，开关动作良好，内部检查应清洁、无损坏处所	手检
		(2)紧急制动阀位置正确，铅封完好	目检
		(3)电热水器完好，开关作用良好	手检
		(4)内嵌式折叠椅完好，无破损，作用良好	手检
		(5)灭火器完好，日期符合标准，安装牢固	手检
八、电气间	1. 隔门	锁闭作用良好，隔音胶条完整严密	目检
	2. 微机柜架	(1)柜架外观良好，各连接处无裂纹、开焊	目检
		(2)机车电脑主机箱、电源箱外观完好	目检
		(3)卫星定位系统、机车电台主机、信号主机等外观完好	目检
	3. 电气室门	外观完好，锁闭装置完好，锁闭状态良好	手检

续上表

顺 序	检查部位	检查内容及要求	方法
八、电气间	4. 电器柜	(1)断路器面板完好,位置正确,作用良好	手检
		(2)接地切除及接地复位扳钮开关位置正确,作用良好	手检
		(3)蓄电池闸刀门完好,蓄电池闸刀无灼痕、烧损,在断开位	手检
		(4)充电熔断器和蓄电池移车熔断器完好,熔断片 350 A,符合标准	手检
		(5)电器柜正面防护网安装牢固,无破损	目检
		(6)电器柜安装牢固	目检
		(7)电气间过道地板安装牢固	手检
		(8)电气间墙壁照明灯完好,作用良好	手检
	5. 电气室	由安全培训的专业人员进行检查、维护	—
九、电阻制动间右侧	1. 隔门	同电气间检查第 1 项	—
	2. 停放制动塞门	停放制动塞门无漏风,作用良好,风管卡子无松动	手检
	3. 电阻制动装置	(1)电阻制动风机电动机外观良好,换向器、电刷及接线良好	目检
		(2)电阻制动风机安装架完好,无裂纹、开焊等不良处所	目检
	4. 保安电阻	逆变器过压保护电阻安装牢固,防护网罩完好,无破损	目检
	5. 通风机	前通风机外观完好,风道完好,无破损	目检
	6. 主发通风机	(1)主发电机通风机及风道完好,无破损	目检
		(2)电机安装牢固,外观完好	锤检
		(3)电机接线无松动、脱落	手检
		(4)电气间风道完好,无破损	目检
	7. 停放制动风缸	停放制动风缸完好,风管接母无松动、漏风	手检
	8. EPCU	EPCU 箱体安装牢固,外部气动阀及风缸完好,无漏风	手检
	9. 其他	制动间地板处的各管、线外观完好,无异状。泄压按钮完好,作用良好	手检
十、空气间右侧	1. 隔门	同电气间检查第 1 项,增检	—
	2. 惯性滤清器	(1)安装牢固,严密	手检
		(2)外观完好,无破损	目检
		(3)泄压按钮完好,作用良好	手检
	3. 主发电机端部及其附近	(1)主发电机风道连接无破损,连接件状态良好	手检
		(2)窥视孔玻璃清洁,无破损	目检
		(3)滑环检查孔盖安装牢固,螺栓无松动	手检

续上表

顺 序	检查部位	检查内容及要求		方法
十、空气间右侧	3. 主发电机端部及其附近	(4)增压器二级玻璃丝滤清器支架安装牢固,螺栓无松动		锤检
		(5)增压器二级玻璃丝滤清器外观完好,安装牢固		锤检
		(6)电气间风机/除尘风机外观完好,风道完好、无破损		目检
		(7)柴油机启动报警器外观完好,作用良好		手检
	4. 泄压百叶窗	泄压百叶窗外观完好,按压泄压按钮应打开		目检
十一、柴油机间右侧	1. 隔门	同电气间检查第1项		—
	2. 主发电机	(1)主发电机与车体安装螺栓无松动		锤检
		(2)主发电机出风口完好		目检
		(3)主发电机与柴油机连接良好,螺栓无松动		锤检
	3. 柴油机输出端	(1)左侧增压器安装支架完好,各螺栓无松动		锤检
		(2)左侧增压器外观完好、排气烟囱无破损,安装螺栓无松动		锤检
		(3)左侧增压器进气管完好,无破损		锤检
		(4)左侧增压器回油管完好,连接法兰无漏油		手检
		(5)后端齿轮箱盖及凸轮轴齿轮盖完好		目检
		(6)后端各传感器外观完好,作用良好		手检
		(7)中冷器进气软连接良好,卡子无松动		手检
	4. 油气分离器	(1)油气分离器与柴油机连接良好,无漏泄		锤检
		(2)油气分离器引射风管接母无松动,连接良好		手检
		(3)油气分离器外观良好		目检
		(4)油气分离器与左侧增压器烟囱连接管连接良好,螺栓无松动		锤检
	5. 柴油机13~16缸上部	(1)排烟总管外观完好,无破损,各连接处连接良好,卡子无松动、漏烟		锤检
		(2)排烟支管连接良好,无破损;螺栓无松动		锤检
		(3)出水支管卡子无松动,安装牢固,无漏泄		手检
		(4)摇臂箱罩盖严密,手轮无松动,密封处无漏油		手检
	6. 柴油机13~16缸中部	(1)打开摇臂箱罩盖检查项目	①喷油泵安装良好	手检
			②喷油泵24 V电源线良好,无破损	手检
			③高压油管连接良好,无漏油,卡子无松动	手检
			④喷油器回油管连接良好,无漏油	手检
			⑤气阀间隙调整器外观良好	目检
			⑥燃油进、回油管良好,接头无漏油,管体无破损	手检

续上表

顺序	检查部位	检查内容及要求		方法
十一、柴油机间右侧	6. 柴油机13~16缸中部	(1)打开摇臂箱罩盖检查项目	⑦气阀弹簧无折损，锁夹与套无脱落	目检
			⑧摇臂、横臂无折损	目检
			⑨喷油器安装螺栓无松动	手检
			⑩推杆无变形	目检
		(2)摇臂箱与气缸盖结合面无漏油		目检
		(3)燃油进、回油管无漏油，管体无破损		手检
		(4)喷油泵电源线无破损，护套良好，卡子紧固		手检
		(5)缸头螺栓紧固，防尘帽无丢失		锤检
		(6)进气支管连接法兰螺栓无松动，安装牢固无漏泄		锤检
		(7)中冷器外观良好，各紧固螺栓无松动		锤检
		(8)中冷器各部无漏泄		目检
		(9)燃油主管完好，各部无漏泄		手检
	7. 柴油机13~16缸下部	(1)曲轴箱检查孔盖安装牢固，安装螺栓无松动，密封处无漏油		手检
		(2)主轴承盖横拉螺栓紧固无松动		锤检
		(3)启动发动机安装牢固锤检		—
		(4)启动发动机风管连接良好，无漏风		手检
		(5)启动发动机各螺栓紧固，排风口作用良好		锤检
		(6)启动发动机供风管继动阀完好，风管无松动漏泄		手检
		(7)启动发动机供风管滤尘器完好，无漏风。风管支架无开焊		手检
		(8)柴油机与车体安装螺栓紧固，无松动		锤检
		(9)墙壁上的燃油箱电子油位表控制盒外观良好，风管接母无松动、漏风。接线无松脱.		手检
	8. 柴油机9~12缸上部	无增压器附近的检查内容，其他内容参照柴油机间右侧检查第5项		—
	9. 柴油机9~12缸中部	参照柴油机间右侧检查第6项		—
	10. 柴油机9~12缸下部	无启动发动机检查内容，其他内容参照柴油机间右侧检查第7项		—
	11. 柴油机前端及其附近	(1)柴油机高温出水管外观完好，各法兰螺栓无松动，接口无漏泄		锤检
		(2)中冷器进水管法兰螺栓紧固，无漏泄		锤检
		(3)燃油主管外观完好，软管无老化，无裂漏		手检
		(4)燃油分油器完好，无漏泄		手检
		(5)中冷器分水管完好，无裂漏		手检

续上表

顺 序	检查部位	检查内容及要求	方法
十一、柴油机间右侧	11. 柴油机前端及其附近	(6)中冷器端盖螺栓齐全,无松动	锤检
		(7)柴油机进水管完好,法兰螺栓齐全,无松动、漏泄	—
		(8)泵支承箱合口螺栓齐全、紧固,密封处无漏泄	锤检
		(9)机油减压阀端盖螺栓齐全,无松动,密封良好	锤检
		(10)中冷水泵安装螺栓齐全无松动,合口处无漏泄	锤检
		(11)中冷水泵体完好,各螺栓齐全无松动、漏泄	锤检
		(12)中冷水泵来水管及出水管法兰螺栓无松动,接口无漏泄	锤检
		(13)主机油泵安装螺栓齐全无松动,密封处无漏泄	锤检
		(14)主机油泵体完好,各螺栓齐全无松动、漏泄	锤检
		(15)主机油泵出油管法兰螺栓紧固,无漏泄	锤检
		(16)主机油管与机体主机油道连接法兰螺栓齐全,无松动,接口无漏泄	锤检
		(17)主机油泵端部的机械燃油泵安装牢固,各螺栓齐全紧固	锤检
		(18)机械燃油泵进、出油管外观完好,连接处无松动、漏泄	手检
		(19)机油粗滤器端盖完好,螺栓齐全无松动,密封处无漏油	锤检
		(20)机油粗滤器安装牢固法兰螺栓齐全无松动、漏泄	锤检
		(21)放水阀外观完好,放水作用良好,无漏泄	手检
		(22)柴油机前端各管路、止阀等部件外观良好,无漏泄	手检
	12. 膨胀水箱及其附近	(1)外观完好,无漏泄	目检
		(2)水箱上部传感器安装牢固,接线无松脱,无破损	手检
		(3)水箱水表清晰,水位符合标准(参照水表侧面的水位示意图)	目检
		(4)水箱注水口及管外观完好,无破损	手检
		(5)水箱减压阀安装牢固,螺栓齐全无松动	锤检
		(6)水箱溢水管安装牢固,无破损	手检
		(7)水箱加水口盖严密(注意:检查时,防止溢水造成人身伤害)	手检
		(8)水箱上水阀外观完好,作用良好	手检
		(9)水箱安装支架无开焊,安装螺栓齐全无松动	锤检
		(10)水箱支架上的自动排水停止按钮安装牢固,外观完好	手检
		(11)柴油机间通风机进风口外观完好	目检
十二、冷却间右侧	1. 隔门	同电气间检查第1项	—
	2. 柴油机间通风机	(1)安装牢固,安装螺栓齐全无松动。电机参照其他电机检查内容	锤检
		(2)进风罩外观良好,无破损。风机转动无异音	目检

续上表

顺 序	检查部位	检查内容及要求	方法
十二、冷却间右侧	3. 机油热交换器	(1)安装牢固,安装螺栓齐全无松动	锤检
		(2)热交换器体外观完好,各法兰螺栓齐全无松动、漏泄	锤检
		(3)热交换器排气阀及管完好,止阀动作灵活,作用良好	手检
	4. 表盘	(1)燃油、机油压差表安装牢固,作用良好	手检
		(2)表盘安装牢固,各部无裂纹、开焊现象	手检
	5. 电子燃油泵	(1)安装牢固,接线无松脱、破损	手检
		(2)泵体及护罩外观完好	手检
		(3)进油及出油管接头无松动、漏泄,管卡良好	锤检
		(4)底座安装牢固,无开焊,螺栓无松动	锤检
	6. 后通风机	(1)风机罩无破损,进风罩完好,叶片外观良好	目检
		(2)风机安装牢固,安装螺栓齐全无松动	锤检
		(3)风机电机检查 ①电机座螺栓齐全无松动	锤检
		②电机接线无松脱、破损	手检
		③电机与风机连接良好	锤检
		④电机转动无异音	耳听
	7. 前散热装置检查	(1)2号散热器风机安装牢固,安装螺栓齐全无松动	锤检
		(2)散热器外观完好,各部无漏泄	目检
		(3)风扇叶片无裂纹、开焊、变形	目检
		(4)风扇支架无开焊	目检
		(5)防护网安装牢固,无破损	目检
	8. 后散热装置检查	同冷却间右侧检查第7项	—
	9. 右侧螺杆式空气压缩机组	(1)电机及空压机安装螺栓齐全。电机参照其他风机电机检查内容	锤检
		(2)联轴器无异状,螺栓无松动	锤检
		(3)冷却器外观完好,安装牢固,各管连接良好,无漏泄	锤检
		(4)出风管法兰安装完好,无漏泄	手检
		(5)空气滤清器完好,管路无破损,连接良好	手检
		(6)油位表清晰,油位符合标准	目检
		(7)加油口盖紧固,无丢失	手检
		(8)空压机送风管塞门位置正确	手检
		(9)空压机体上的所有螺栓应紧固,无松动现象	锤检
	10. 其他管件	外观完好,无松动、漏泄	手检

续上表

顺 序	检查部位	检查内容及要求	方法
十三、第二司机室	无卫生间检查内容,其他内容参照第一司机室检查		
十四、冷却间左侧	1. 左侧螺杆式空气压缩机组	参照冷却间右侧检查第 9 项	—
	2. 辅助空压机	(1)防护罩外观完好	目检
		(2)空压机外观完好,安装牢固	锤检
		(3)空压机连接风管状态良好,无漏泄	手检
		(4)空压机电机外观良好,接线无松脱、破损	手检
	3. 予润滑机油泵	(1)安装座无开焊,螺栓齐全无松动	锤检
		(2)进、出油管连接状态良好,无漏油	手检
		(3)泵体各部无异状	目检
		(4)电机与泵连接完好,无异状	目检
		(5)电机外观完好,接线无松动、脱落	手检
		(6)安装座无开焊,各部无裂纹	目检
	4. 燃油精滤器	(1)精滤器体无异状,端盖螺栓齐全,无松动、漏泄	锤检
		(2)精滤器安装牢固,安装螺栓齐全,无松动	锤检
		(3)进、出油管连接良好,无漏油,软管无老化、破损	手检
		(4)排气阀开关灵活,排气作用良好,排气管接头无松漏	手检
		(5)接油盘安装正确、牢固,无破损	手检
	5. 燃油粗滤器	(1)安装架无开焊,安装螺栓无松动	锤检
		(2)粗滤器体外观完好,无溢漏	目检
		(3)粗滤器安装螺栓齐全无松动	锤检
	6. 机油精滤器	(1)外观完好,无溢漏	目检
		(2)端盖螺栓齐全,无松动	锤检
		(3)安装牢固,安装螺栓齐全,无松动	锤检
		(4)进、出油管连接状态良好,无漏泄	手检
	7. 予润滑机油泵滤清器	(1)安装牢固,支架无开焊、裂纹	目检
		(2)滤清器体外观完好,无溢漏	目检
		(3)滤清器进、出油管连接良好,无漏泄	手检
	8. 柴油机间通风机	参照冷却间右侧检查第 2 项	—
	9. 右侧其他	各管路、止阀等相关部件外观完好,止阀位置正确,无松动、漏泄	手检

续上表

顺　序	检查部位	检查内容及要求		方法
十五、柴油机间左侧	1. 隔门	同电气间检查第一项		—
	2. 柴油机自由端左侧	(1)燃油主管同右侧检查内容		—
		(2)泵支承箱左侧同右侧检查内容		—
		(3)主水泵检查	①法兰螺栓无松动	锤检
			②水泵体无异状	目检
			③水泵各螺栓齐全无松动	锤检
			④水泵进出水管连接状态良好,无漏泄	手检
		(4)油底壳加油口盖严密,外观良好		手检
		(5)油底壳油位尺无丢失,拔出检查油位符合标准		手检
		(6)自动排水装置外观良好,连接处无漏泄,电源线无松脱、破损		手检
		(7)各管路外观完好,无漏泄		目检
	3. 柴油机1~4缸	同柴油机间右侧检查		—
	4. 柴油机5~8缸	同柴油机间右侧检查		—
	5. 柴油机输出端	无油气分离器检查内容,其他同右侧检查内容。 增检:辅助发电机接线盒安装牢固,接线无松脱,无破损		手检
十六、空气间左侧	同空气间右侧检查			
	增检	(1)柴油机紧急断燃油按钮安装牢固,外观良好		手检
		(2)各电磁阀外观完好,接线无松脱		目检
		(3)各风管外观完好无漏泄,止阀位置正确		手检

三、机车给油程序

HXN_3型内燃机车的给油顺序参照机车检查顺序。具体给油处所如下:

1. 机车前后端:车钩钩体与托铁磨动部用铁道脂,方法是抹油,此处给油应根据车钩摆动的具体情况进行。

2. 齿轮箱:在未出现漏泄的情况下,每次整备时进行油位检查,并根据油位的变化进行给油操作。要严格控制油位,不得出现过多或缺油现象。

3. 柴油机油底壳:油位应在油位尺上刻线以上25. 4 mm左右,检查油位时,应注意有无燃油气味,或油位上升现象,否则应及时检查处理。

4. 空压机:每次整备时进行检查,油位应在油表的中间位置。

第三节　HXN5 型内燃机车检查程序与标准

一、司机全面检查机车程序

HXN5 型内燃机车司机全面检查程序如图 2-2 所示。

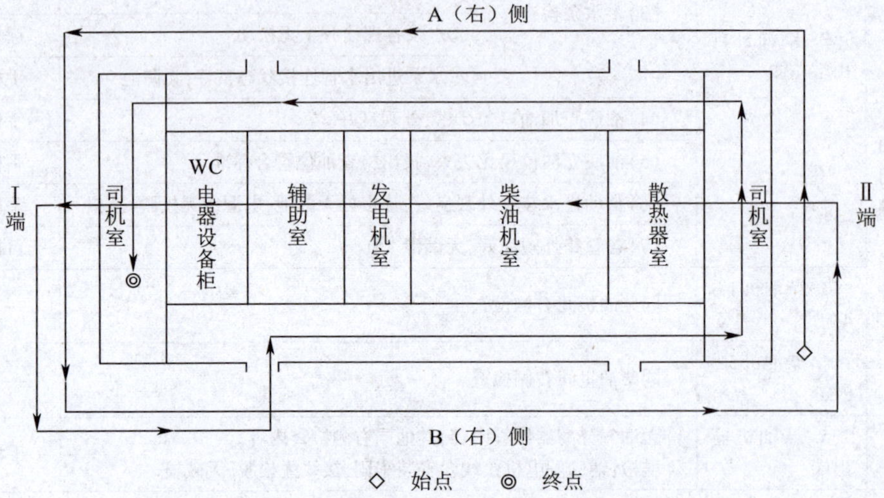

图 2-2　HXN5 型内燃机车司机全面检查程序

二、HXN5 型内燃机车走行部检查标准

HXN5 型内燃机车走行部检查标准见表 2-4。

表 2-4　HXN5 型内燃机车走行部检查标准

作业项目	检查部位	检查内容及要求	检查方法
一、Ⅱ端后部	1. 外观检查	(1)头灯(4 个)、标志灯(2 个)照明灯(2 个)外观完好。路徽、型号清晰。扶手杆安装牢固,下筋板无开焊。 (2)前排障器安装牢固(10 个螺栓)无变形,外侧距离轨面高度符合规定(80~120 mm)。 (3)折叠型车梯无裂纹、扶手安装牢固无变形	目视 锤检
	2. 重联装置	机车重联线完好,重联线安装座牢固、锁闭作用良好	目视 手检
	3. 车钩及软管	(1)制动缸均衡管、总风缸均衡管、制动软管无老化、龟裂,角度正确(45°、90°)。 (2)安装牢固水压试验不超过 3 个月。 (3)连接器无缺陷,胶圈无破损、倒置,防尘堵齐全无丢失	目视 手检

续上表

作业项目	检查部位	检查内容及要求	检查方法
一、Ⅱ端后部	3. 车钩及软管	(4)钩提杆座螺栓无松动,钩提杆无变形,连接杆无开焊。提钩自动开放无抗劲。 (5)车钩导框及缓冲器托板4个安装螺栓无松动、折损。 (6)车钩三态工作正常,车钩全开位220~250 mm,钩体、钩舌各部无裂纹。钩舌销锁无折损,钩舌销开口销完好(开度为60°),径向间隙1~4 mm。钩舌锁闭作用良好,防跳台不少于90°,车钩锁闭后钩舌与钩唇距离为112~130 mm。 (7)车钩中心线距轨面垂直高度在820~890 mm之间	目视 手检
二、走行部右侧	1. 右后排障器内部	(1)各风管接手无漏泄,制动管、总风缸均衡管、制动缸均衡管各塞门关闭严密无漏泄。机车信号接收器安装牢固。 (2)工作灯插座、罩严密	手检 耳听 目视
	2. 后制动管紧急放风阀	放风阀外观良好,无漏泄,安装牢固	目视
	3. 扫石器	扫石器橡胶板无破损(距轨面高度25 mm),安装是否牢固	目视 测量
	4. 右4撒砂装置	(1)砂箱安装牢固,砂箱盖关闭严密,砂箱内部砂子纯净干燥无异物,砂量充足。 (2)撒砂器安装牢固,清扫堵无松动,撒砂管安装牢固、胶管卡子无松动、角度正确	目视 手检
	5. 右6基础制动装置	(1)基础制动装置安装牢固,闸瓦钎子无丢失,闸瓦无偏磨、到限(闸瓦任意一点厚度不小于13 mm)。闸瓦与车轮踏面缓解间隙6~9 mm。 (2)停放制动缓解拉杆无折损、变形,风管接头无漏泄。制动摆杆安装螺栓无松动,弹簧无折损、丢失。手动缓解拉杆作用良好。 (3)动轮踏面无擦伤、剥离,轮辐、轮心无裂纹	目视 测量
	6. 右6轴箱、弹簧	(1)轴箱弹簧无断裂、倾斜,橡胶垫无变形、龟裂。轴箱拉杆无裂纹,安装螺栓无松动。漆封无位移,开口销、防缓铁线良好。 (2)轴头端盖螺栓防缓片正常,密封堵无丢失,轴承无油脂漏泄。 (3)轴箱保持器各安装螺栓无松动,止挡安装螺栓无松动	目视
	7. 转向架	(1)转向架焊波无裂纹、开焊。 (2)制动缸管,制动管卡子安装螺栓良好	目视
	8. 垂向减振器	垂向液压减振器无漏油,安装螺栓防缓线清晰,橡胶衬套无龟裂	目视
	9. 干式润滑装置	干式润滑装置安装牢固,部件齐全,碳块位置正确,无破损	目视 手检
	10. 横向减振器	转向架上部横向液压减振器无漏油,安装螺栓防缓线清晰,橡胶衬套无龟裂	目视 手检
	11. 二系承载	橡胶堆无膨胀变形,橡胶表面损坏长度不超过50 mm,损坏深度不超过13 mm,且单层任一侧不多于两处的切断和开裂	目视

续上表

作业项目	检查部位	检查内容及要求	检查方法
二、走行部右侧	12. 接地连线	转向架与接地车体连线良好，无松动	目视 手检
	13. 右5基础制动装置	(1)基础制动装置安装牢固，闸瓦钎子无丢失，闸瓦无偏磨、到限(闸瓦任意一点厚度不小于13 mm)。闸瓦与车轮踏面缓解间隙6~9 mm。 (2)制动摆杆安装螺栓无松动，弹簧无折损、丢失	目视 手检
	14. 纵向减振器	转向架上部纵向液压减振器无漏油，安装螺栓防缓线清晰，橡胶衬套无龟裂	目视 手检
	15. 转向架截断塞门	制动缸截断塞门、停放制动截断塞门在开放位。胶管及接头无漏风，卡子无松动	目视 手检
	16. 右5轴箱、弹簧	同走行部右侧检查第6项。 光电式转速传感器接线良好安装牢固	目视 手检
	17. 车梯子	车梯子安装牢固，无裂纹、变形	目视 手检
	18. 右4基础制动装置	同走行部右侧检查第5项	手检 目视
	19. 右4轴箱、弹簧	同走行部右侧检查第6项	目视 手检
	20. 垂向减振器	垂向液压减振器无漏油，安装螺栓防缓线清晰，橡胶衬套无龟裂	目视 手检
	21. 接地连线	轴箱与转向架接地连线良好，无松动	目视 手检
	22. 右3撒砂装置	同走行部右侧检查第4项	目视 手检
	23. 总风缸及附近	(1)空压机排油阀、柴油机上水管、油底壳放油管无渗漏。 (2)主风缸空气精滤器安装牢固、排污阀作用良好，总风缸自动排水阀作用良好，手动排水，加热器作用良好。总风缸塞门开放。 (3)总风缸安装牢固支架无裂纹，总风缸盲孔无漏风。安全阀无漏泄，各阀门位置正确。 (4)油箱油表清晰良好，无漏泄。油箱满油(可用9 000 L)，加油口盖安装牢固，紧急停机按钮安装牢固、外观良好。 (5)总风缸安全阀无漏泄，铅封完好	目视 手检
	24. 空气干燥器辅助滤清器	空气干燥器各止阀位置均在开放位，湿度指示剂显示正常(蓝色)，下部警告孔无漏泄。辅助空气滤清器安装牢固，排污阀作用良好	目视 手检

续上表

作业项目	检查部位	检查内容及要求	检查方法
二、走行部右侧	25. 右2撒砂装置	同走行部右侧检查第4项	目视 手检
	26. 右3轴箱、弹簧	同走行部右侧检查第6项	目视 手检
	27. 垂向减振器	垂向液压减振器无漏油,安装螺栓防缓线清晰,橡胶衬套无龟裂	目视 手检
	28. 右3基础制动装置	同走行部右侧检查第13项	目视 手检
	29. 车梯子	车梯子无开焊,螺栓防缓线良好,螺栓无松动	目视 手检
	30. 车架底部	工作灯插座、罩严密	目视 手检
	31. 纵向减振器	转向架上部纵向液压减振器无漏油,安装螺栓防缓线清晰,橡胶衬套无龟裂	目视 手检
	32. 车架底部	各风管塞门无漏泄,位置正确	目视 手检
	33. 转向架截断塞门	制动缸截断塞门、停放制动截断塞门在开放位。胶管及接头无漏风,卡子无松动	目视 手检
	34. 右2轴箱、弹簧	(1)同走行部右侧检查第6项。 (2)光电式转速传感器接线良好,安装牢固	目视 手检
	35. 右2基础制动装置	同走行部右侧检查第13项	目视 手检
	36. 二系承载	橡胶堆无膨胀变形,橡胶表面损坏长度不超过50 mm,损坏深度不超过13 mm,且单层任一侧不多于两处的切断和开裂	目视
	37. 干式润滑装置	安装牢固,碳块位置正确,无破损	目视 手检
	38. 右1轴箱、弹簧	同走行部右侧检查第6项	目视
	39. 右1基础制动装置	同走行部右侧检查第13项	目视 手检
	40. 右1撒砂装置	同走行部右侧检查第4项	目视 手检
	41. 车架底部	各风管塞门无漏泄,位置正确	目视 手检
	42. 扫石器	同走行部右侧检查第3项	目视 测量
	43. 前制动管紧急放风阀、垂向减振器	(1)前制动管紧急放风阀安装牢固,无漏泄。 (2)垂向液压减振器无漏油,安装螺栓防缓线清晰,橡胶衬套无龟裂	目视 手检

续上表

作业项目	检查部位	检查内容及要求	检查方法
三、Ⅰ端前部	1. 外观检查	同Ⅱ端后部检查第 1 项	目视
	2. 重联装置	重联插座牢固、锁闭作用良好	目视 手检
	3. 车钩及软管	同Ⅱ端后部检查第 3 项	目视 手检
	4. 脚踏板	脚踏板合页转动灵活，安装螺栓无松动、裂纹	目视 手检
四、走行部左侧	1. 左前排障器内部	(1)总风缸均衡管、制动缸均衡管各塞门关闭严密无漏泄。 (2)工作灯插座、罩严密。蓄电池充电插座、罩严密	目视 手检
	2. 扫石器	同走行部右侧检查第 3 项	目视 测量
	3. 左 1 撒砂装置	同走行部右侧检查第 4 项	目视 手检
	4. 左 1 基础制动装置	同走行部右侧检查第 5 项	目视 手检
	5. 左 1 轴箱、弹簧	同走行部右侧检查第 6 项	目视 手检
	6. 转向架	转向架焊波无裂纹、开焊	目视 手检
	7. 垂向减振器	垂向液压减振器无漏油，安装螺栓防缓线清晰，橡胶衬套无龟裂	目视 手检
	8. 横向减振器	转向架上部横向液压减振器无漏油，安装螺栓防缓线清晰，橡胶衬套无龟裂	目视 手检
	9. 二系承载	橡胶堆无膨胀变形，橡胶表面损坏长度不超过 50 mm，损坏深度不超过 13 mm，且单层任一侧不多于两处的切断和开裂	目视 手检
	10. 干式润滑装置	安装牢固，碳块位置正确，无破损	目视 手检
	11. 左 2 基础制动装置	同走行部右侧检查第 13 项	目视 手检
	12. 接地连线	转向架与车体接地连线良好，无松动	目视 手检
	13. 纵向减振器	转向架上部纵向液压减振器无漏油，安装螺栓防缓线清晰，橡胶衬套无龟裂	目视 手检
	14. 左 2 轴箱、弹簧	同走行部右侧检查第 6 项	目视
	15. 车梯子	车梯子无开焊，螺栓防缓线良好，螺栓无松动	目视 手检

续上表

作业项目	检查部位	检查内容及要求	检查方法
四、走行部左侧	16. 左3基础制动装置	同走行部右侧检查第5项	目视 手检
	17. 接地连线	轴箱与转向架接地连线良好,无松动	目视 手检
	18. 左3轴箱、弹簧	同走行部右侧检查第6项	目视 手检
	19. 左3垂向减振器	垂向液压减振器无漏油,安装螺栓防缓线清晰,橡胶衬套无龟裂	目视 手检
	20. 左2撒砂装置	同走行部右侧检查第4项	目视 手检
	21. 蓄电池及附近	(1)紧急停机按钮外观良好。 (2)加油口盖安装牢固,油箱油表清晰良好。 (3)检查蓄电池门安装螺栓无松动、丢失。接线盒安装牢固。 (4)污液箱排污塞门关闭严密无漏泄,排污管连接无漏泄,排污堵无松动	目视 手检
	燃油箱油位监控仪接线良好		目视
	22. 左3撒砂装置	同走行部右侧检查第4项	目视 手检
	23. 左4垂向减振器	垂向液压减振器无漏油,安装螺栓防缓线清晰,橡胶衬套无龟裂	目视 手检
	24. 左4轴箱、弹簧	同走行部右侧检查第6项	目视 手检
	25. 左4基础制动装置	同走行部右侧检查第13项	目视 手检
	26. 纵向减振器	转向架上部纵向液压减振器无漏油,安装螺栓防缓线清晰,橡胶衬套无龟裂	目视 手检
	27. 左5轴箱、弹簧	同走行部右侧检查第34项	目视 手检
	28. 左5基础制动装置	同走行部右侧检查第13项	目视 手检

续上表

作业项目	检查部位	检查内容及要求	检查方法
五、地沟	1. 车梯子	车梯子无开焊，螺栓防缓线良好，螺栓无松动	目视 手检
	2. 二系承载	橡胶堆无膨胀变形，橡胶表面损坏长度不超过 50 mm，损坏深度不超过 13 mm，且单层任一侧不多于两处的切断和开裂	目视
	3. 干式润滑装置	安装牢固，碳块位置正确，无破损	目视 手检
	4. 左 6 垂向减振器	垂向液压减振器无漏油，安装螺栓防缓线清晰，橡胶衬套无龟裂	目视 手检
	5. 左 6 轴箱、弹簧	同走行部右侧检查第 6 项	目视 手检
	6. 左 6 基础制动装置	同走行部右侧检查第 13 项	目视 手检
	7. 左 4 撒砂装置	同走行部右侧检查第 4 项	目视 手检
	8. 排障器内侧	（1）制动缸均衡管各塞门关闭严密无漏泄。蓄电池充电插座及工作灯无破损、安装牢固。 （2）车钩缓冲器托板螺栓防缓标记不错位	目视 手检
	9. 扫石器	同走行部右侧检查第 3 项	目视 测量
	10. 机车信号传感器及排障器	左右机车信号传感器安装螺栓无松动，排障器安装螺栓无松动	目视 手检
	11. 车钩及缓冲装置	钩体托板及缓冲器托板螺栓是否紧固，钩尾框有无裂纹。钩尾框穿销无裂纹、变形	目视 锤检
	12. 第 6 动轮及抱轴箱	车轮踏面有无擦伤和剥离，擦伤深度不大于 0.7 mm，剥离长度不超过 40 mm，且深度不超过 1 mm。轮辐无裂纹。抱轴箱安装牢固，安装螺栓防缓线无位移	目视 测量
	13. 第 6 牵引电机	牵引电动通风罩无破损，安装良好，牵引电动机引线连接牢固，无过热、老化现象。引线夹板无折损，安装螺栓防缓线良好，无松动。接地线连接无松动。牵引电动机安装螺栓牢固，无松动。轴承部无变色或掉漆，牵引电机端盖安装螺栓无松动	目视 锤检
	14. 第 6 齿轮箱检查	齿轮箱磁性放油堵紧固无漏泄松动，铅封有无破损，螺栓防缓线良好，无松动，齿轮箱加油口盖关闭严密无松动，箱体无裂纹、变形，油封无漏泄，合口无漏油，齿轮箱安装座螺栓防缓线良好，无松动	目视 手检
	15. 第 6 牵引电机悬挂装置	电机吊座无裂纹，悬挂装置安装螺栓无松动，上下销橡胶衬套无老化、破损	锤检 目视

续上表

作业项目	检查部位	检查内容及要求	检查方法
五、地沟	16. 后牵引缓冲装置	牵引中心盖无裂纹、变形，安装牢固，安装螺栓防缓线无位移；起吊梁安装螺栓防缓线无位移，安装牢固；前后牵引垫及左右侧挡橡胶无老化、龟裂，位置正确；衬套及衬套盖板装配良好	目视 手检
	17. 第 5 动轮及抱轴箱	同地沟检查第 12 项	目视 手检
	18. 第 5 牵引电机	同地沟检查第 13 项	锤检 目视
	19. 第 5 齿轮箱检查	同地沟检查第 14 项	目视 手检
	20. 第5牵引电机悬挂装置	同地沟检查第 15 项	目视 手检
	21. 第 4 动轮及抱轴箱	同地沟检查第 12 项	目视 手检
	22. 第 4 牵引电机	同地沟检查第 13 项	目视 手检
	23. 第 4 齿轮箱检查	同地沟检查第 14 项	目视 手检
	24. 第 4 牵引电机悬挂装置	同地沟检查第 15 项	目视 手检
	25. 停放风缸	安装牢固，吊架安装螺栓无松动，风管接头无漏泄，清扫无漏泄	目视 手检
	26. 燃油箱底部	(1)柴油机排油管、柴油机排水管及污油箱排污管各卡子螺栓无松动，合口螺栓无松动，合口无漏泄。 (2)燃油箱无漏泄，油箱清扫孔盖是否漏油，底部护板有无碰伤、开焊、裂漏。 (3)油箱放油堵无松动	目视 手检
	27. 机车车号识别装置	(1)控制盒安装牢固。 (2)接线连线状态良好	目视 手检
	28. 大线卡子	各大线卡子安装牢固	目视 手检
	29. 第 3 牵引电机悬挂装置	同第 6 牵引电机悬挂装置检查内容	目视 手检

续上表

作业项目	检查部位	检查内容及要求	检查方法
五、地沟	30. 第 3 动轮及抱轴箱	同地沟检查第 12 项	目视 手检
	31. 第 3 牵引电机	同地沟检查第 13 项	目视 手检
	32. 第 3 齿轮箱检查	同地沟检查第 14 项	目视 手检
	33. 第 2 牵引电机悬挂装置	同地沟检查第 15 项	目视 手检
	34. 第 2 动轮及抱轴箱	同地沟检查第 12 项	目视 手检
	35. 第 2 牵引电机	同地沟检查第 13 项	目视 手检
	36. 第 2 齿轮箱检查	同地沟检查第 14 项	目视 手检
	37. 前牵引缓冲系统	同地沟检查第 16 项	目视 手检
	38. 第 1 动轮及抱轴箱	同地沟检查第 12 项	—
	39. 第 1 牵引电机	同地沟检查第 13 项	—
	40. 第 1 齿轮箱检查	同地沟检查第 14 项	—
	41. 车钩及缓冲装置	钩体托板及缓冲器托板螺栓是否紧固，钩尾框有无裂纹。钩尾框穿销无裂纹、变形	—
	42. 机车信号传感器及排障器	左右机车信号传感器安装螺栓无松动，排障器安装螺栓无松动	—

三、HXN5 型内燃机车上部检查标准

HXN5 型内燃机车上部检查标准见表 2-5。

表 2-5　HXN5 型内燃机车走行部检查标准

作业项目	检查部位	检查内容及要求	检查方法
一、机车上部左侧	1. 外走廊	(1)各室门关闭严密，锁闭良好。 (2)栏杆无弯曲变形、开焊，紧固螺栓防缓标记无位移	目视 手检

续上表

作业项目	检查部位	检查内容及要求	检查方法
一、机车上部左侧	2. 电台间及附近	(1)无线通信转换盒 TAL、无线传输装置 TSC、监控设备 TAX2、电源转换箱 DTB。电源 RPS、协议转换器 PTP、事件记录仪 ER、以太网转换器 ESW、集成处理器模块 IPM、重联调制解调器 DBM、全球定位系统 GPS、多通道集成装置 MCR、司机室综合无线电设备 CIR 螺栓防缓标记无位移,接线无破损,插头防缓标记无位移,内部清洁无异物。 (2)通风机 V 形网无变形堵塞	目视 手检
	3. CA4	(1)柜门平整。锁闭器、主控门手柄作用良好。3 个滤波电容指示灯安装牢固。 (2)门联锁安装牢固,接线良好。 (3)柴油机启动限流电阻 R3、主电路放电电阻 R101 安装牢固无烧损,接线无松脱。 (4)蓄电池充电插座熔断器 MF10 完好牢固。 (5)预润滑油泵断路器 PLCB 在工作位。 (6)预润滑接触器 PLC、燃油泵接触器 FPC、柴油机启动程序接触器 GSS 外观无异状,灭弧装置牢固无破损。蓄电池移车正、负极(BJ+、BJ-)接触器,线圈无烧损,接线无松脱。 (7)逆流二极管 RC 线圈无烧损,接线无脱落。 (8)蓄电池充电控制器 BCC,辅助发电机控制器 AAC,散热器风扇控制器 RFC1、RFC2,电阻制动接触器 DB1A+、DB2A+、DB3A+各接线安装牢固,插头防缓标记无位移。 (9)FDCR1、FDCR2 滤波电容放电继电器,电机电流传感器安装牢固,线圈无烧损,接线无松脱。 (10)摄像头安装牢固,无破损	目视 手检
	4. CA5	(1)两个滤波电容放电指示器灯安装牢固。电压衰减模块接线安装牢固,插头防缓标记无位移。 (2)逆变器接线安装牢固,插头防缓标记无位移,相位熔断器无烧损变色,汇流条无裂损,滤波电容无变色。 (3)主整流器外观良好,整流元件无烧损,接线无松脱。 (4)电机电流传感器及主发输出电流传感器安装牢固,线圈无烧损,接线无松脱。 (5)启动逆变器继电器 C5R、C6R 外观完好,触头无烧损,接线无松脱	目视 手检
	5. 外走廊	(1)各室门关闭严密,锁闭良好。 (2) 栏杆无弯曲变形、开焊,紧固螺栓防缓标记无位移	目视 手检
	6. 交流发电机室左侧	电阻制动栅百叶窗齐全,无变形、破损	目视 手检
	7. 外走廊	(1)各室门关闭严密,锁闭良好。 (2)栏杆无弯曲变形、开焊,紧固螺栓防缓标记无位移	目视 手检

续上表

作业项目	检查部位	检查内容及要求	检查方法
一、机车上部左侧	8. 柴油机室左侧	(1)天棚盖定位销无脱槽，顶盖锁紧装置闭合位。风笛来风管接头无松漏。 (2)柴油机连接箱无松漏(螺栓防缓标记无位移)，右1~8缸各动力组无漏泄，减压塞作用良好。 (3)喷油泵电磁阀接线牢固无破损，燃油进、回油管、喷油器回油管无漏泄，高压油管上、下座无裂漏。 (4)右排气总管无漏泄，卡子无松脱，稳压箱接口螺栓齐全，防缓标记无位移。 (5)盘车机构端盖螺栓无松缓，柴油机扭杆无裂纹，安装螺栓防缓标记无位移。 (6)燃油箱测试孔完好，无堵塞。地板接线盒插头无松脱。 (7)柴油机座弹性支承螺栓防缓标记无位移。 (8)灭火器放置牢固，各部完好，铅封无破损，校验不超期。 (9)右增压器出水管无漏泄(底座焊波无裂纹，安装螺栓无松动，引射管卡子无松脱)，传感器安装牢固无松动。 (10)右中冷器各安装螺栓无松动，进出水管及滴漏孔无漏泄。 (11)摄像头安装牢固，无破损。 (12)主机油泵安装牢固无漏泄，油管卡子无裂损，螺栓防缓标记无位移。 (13)燃油精滤器安装牢固，端盖、油管接头无漏泄，排气阀、回油阀关闭严密无漏泄。 (14)机油滤清器端盖螺栓防缓标记无位移，进出油管法兰接口无漏泄，回油阀位置正确(右侧检查)	目视 手检
	9. 外走廊	(1)各室门关闭严密，锁闭良好。 (2) 栏杆无弯曲变形、开焊，紧固螺栓防缓标记无位移	目视 手检
	10. 燃烧空气室	(1)V形滤网无变形、堵塞。 (2)旋风筒式滤清器无破损堵塞，卡子安装牢固，排尘风道接口胶垫无老化、破损。 (3)内部清洁无异物，冬、夏季门位置正确(冬开夏关)，接口胶垫无丢失、破损，门锁闭良好。 (4)袋式空气滤清器表面无堵塞，纤维无破损，卡带安装牢固。 (5)机油热交换器油管、水管卡子无裂损，法兰接口无漏泄，螺栓防缓标记无位移	目视 手检
	11. 冷却室左侧	(1)V形滤网无变形、堵塞；冷却风扇叶片无裂纹。 (2)冷却室防护网安装螺栓牢固，防护网无破损，空气散热管卡子螺栓防缓标记无位移，散热片无倒伏。 (3)空气压缩机组安装螺栓防缓标记无位移。进气道波纹软管无破损，连接口无漏泄，进气滤芯压力指示器无变色，外罩锁闭良好；电机联轴器减振胶垫无老化、破损，联轴器合口内螺帽螺栓无松动丢失；后冷却器水管、风管接头无漏泄；油气、汽水分离器水管、风管接头无漏泄。 (4)自动百叶窗电磁阀、水流控制电磁阀、总风缸排泄电磁阀各管接头无松漏，各塞门在开放位置。 (5)灭火器放置牢固，各部完好，铅封无破损，校验不超期	目视 手检

续上表

作业项目	检查部位	检查内容及要求	检查方法
一、机车上部左侧	12. CA9	(1)CA9门锁闭严密。 (2)排尘风机断路器EMB闭合位,接线完好。 (3)空气压缩机接触器动作灵活、无卡滞,安装螺栓防缓标记无位移,接线牢固无烧损。 (4)检查连接器各接线、插头及线排接线无松动,无老化、破损	目视 手检
二、Ⅱ端司机室	1. 司机室门	(1)门锁闭器作用良好,密封胶条及玻璃完好。 (2)开关灵活,门把手及玻璃良好	目视 手检
	2. 右侧	(1)右侧司机座椅稳固,作用良好,无破损。 (2)右侧侧壁加热器防护罩完好无破损,作用良好。 (3)侧窗、遮光帘完整,拉动灵活,锁闭作用良好,后视镜良好。 (4)风挡玻璃清洁无破损,前遮阳板完整。 (5)上部空调完整,作用良好。 (6)机车语音测试装置完好。 (7)摄像头完好安装牢固、接线无破损。 (8)风笛开关良好。 (9)下部加热器防护罩完好无破损,作用良好。220 V、74 V电源插座完好	目视 手检
	3. 左侧	(1)司机室灯,风扇及控制开关外观良好,开关及旋钮在正确位置,机车速度表良好,重联紧急停燃油开关在正确位置。 (2)重联电话、机车信号插头无松脱。 (3)计量表调光器、辅助智能显示器、LKJ2000监控显示屏外观完好。 (4)头灯开关、辅助灯、标志灯开关完好,位置正确,电台显示屏外观完好。 (5)操纵台电空制动阀自阀、单阀位置正确,定位销工作位。 (6)导向轴撒砂开关、风笛开关完好。 (7)司机控制器主手柄惰转位。换向手柄置中立位,机械联锁作用良好。 (8)警惕器复位按钮完整,作用良好。 (9)司机无线电听筒完好,安装座无松动。 (10)蓄电池移车按钮;主发励磁开关、电阻制动开关在断开位,计量表灯开关、监控开关、电热玻璃开关完好在规定位置。 (11)打印机、音频盒、警报盒、窗加热指示器完好,无破损。 (12)紧急制动阀手柄在规定位置。 (13)刮雨器开关和操纵台开关完好。 (14)侧窗完整,拉动灵活,锁闭作用良好,后视镜良好。 (15)备用制动机安装牢固,风管接手无漏泄,手柄调整阀完好。 (16)侧壁加热器防护罩完好无破损。 (17)风挡玻璃清洁无破损,前遮阳板完整。 (18)司机座椅稳固,作用良好,无破损。 (19)后墙壁柜门开关良好,内部冰箱、微波炉良好,各接线、插头、插座无破损。 (20)烟雾报警器及摄像头完好	目视 手检

续上表

作业项目	检查部位	检查内容及要求	检查方法
三、机车上部右侧	1. 外走廊	(1)各室门关闭严密,锁闭良好。 (2)栏杆无弯曲变形、开焊,紧固螺栓防缓标记无位移	目视 手检
	2. 冷却室右侧	(1)EPCU 控制箱安装牢固,内部各模块良好。 (2)空气压缩机检查同左侧。空压机油缸加油口盖关闭严密,油位在绿区;热机阀安装牢固,联通管无松动;安全阀无漏泄。空压机轴承加油堵及罩盖齐全完好。 (3)冷却间防护网安装螺栓齐全,防护网无破损。 (4)牵引电机通风机旋风筒式滤清器外部清洁无异物。 (5)散热器风扇电机轴承加油堵及罩盖齐全完好	目视 手检
	3. 燃烧空气室	同机车上部左侧检查第 10 项	目视 手检
	4. 柴油机室右侧	(1)燃油粗滤器、燃油加热器、燃油温度控制阀安装牢固,各油管接头无松漏;燃油泵安装牢固,各管路状态良好,无漏泄。燃油系统各管路、管卡无松动,软管无老化、破损,接头无漏泄;预润滑泵安装牢固,油管接头无松漏。 (2)水箱水位在规定范围内,容积(1 550±80)L。表管清洁无破损,水表止阀在开放位,排水阀在关闭位,注水管路及膨胀水箱压力口盖状态良好。旗形排气阀、上水阀关闭严密无漏泄。机油滤清器检查同左侧,回油阀在关闭位。 (3)柴油机端盖各油水管路、连接法兰无漏泄。管卡子无松动。 (4)增压器无裂漏,检查同机车上部左侧。 (5)中冷器检查同机车上部左侧。 (6)摄像头安装牢固,无破损。 (7)油气分离器安装带及卡子牢固,体无裂损,排气胶套无老化、破损,上排放管及下回油管无漏泄。 (8)主机油泵检查同机车上部左侧。 (9)自动排水阀和手动排水阀无漏泄。 (10)机油油尺无丢失,机油容量(1 625±80)L,油位符合标准,加油口盖作用良好。 (11)燃油调节阀、燃油压力传感器、快拆接头安装牢固,备帽、接线无松脱,管路无漏泄。 (12)燃油回油阀在规定位置。 (13)天棚盖定位销无脱槽,顶盖锁紧装置闭合位。 (14)左 1~8 缸各动力组同右侧	目视 手检
	5. 主辅发电机	(1)柴油机启动转换开关 CTS 接线端子无变色烧损。励磁上电电阻 R2、R2A 无烧损。 (2)主辅发电机安装螺栓防缓标记无位移。 (3)主辅发电机通风冷却波纹管无破损。 (4)主辅发电机接线端子无变色烧损	目视 手检

续上表

作业项目	检查部位	检查内容及要求	检查方法
三、机车上部右侧	6. 外走廊	同机车上部左侧检查第1项	目视 手检
	7. CA3	(1)各滤波电容放电指示灯安装牢固。 (2)逆变器接线安装螺栓防缓标记无位移，插头防缓标记无位移。 (3)相位熔断器无烧损变色，汇流条无裂损，滤波电容无变色	目视 手检
	8. CA2	(1)柜门平整。锁闭器、主控门手柄作用良好。1个滤波电容指示灯安装牢固。 (2)摄像头完好安装牢固、接线无破损。 (3)接地检测滤波电容 ACG；门电路驱动电源断路器 GP1、GP2、GP3，断路器闭合；接地检测装置 GMM，电阻无烧损；牵引电动机控制器 TMC、牵引发电机控制器 TAC、牵引通风机控制器 TBC、励磁上电继电器 FFR、大气压力传感器 BAP、主发接地保护板 TAP、柴油机控制单元 ECU、逻辑电源 LPS、蓄电池维修闸刀 MBD 无烧损，在闭合位；辅助室空气滤清器罩盖（3个）卡子，安装牢固，接线及插头无松动丢失	目视 手检
	9. 卫生间	(1)卫生间门开关作用良好，卫生器具安装牢固，无破损。 (2)通风口畅通，水管路及止阀无破损漏泄	目视 手检
	10. 外走廊	同机车上部左侧检查第1项。无断裂	目视 手检
	11. 司机室门	(1)门锁闭器作用良好，密封胶条及玻璃完好。 (2)开关灵活，门把手及玻璃良好	目视 手检
	12. 右侧	(1)右侧司机座椅稳固，作用良好，无破损。 (2)右侧侧壁加热器防护罩完好无破损，作用良好。 (3)侧窗、遮光帘完整，拉动灵活，锁闭作用良好，后视镜良好。 (4)风挡玻璃清洁无破损，前遮阳板完整。 (5)上部空调完整，作用良好。 (6)机车语音测试装置完好。 (7)摄像头完好安装牢固、接线无破损。 (8)风笛开关良好。 (9)下部加热器防护罩完好无破损，作用良好。220 V、74 V 电源插座完好。柴油机控制面板上各断路器及控制开关完好，位置指示标记清晰	目视 手检
	13. 左侧	(1)司机室灯，风扇及控制开关外观良好，开关及旋钮在正确位置，机车速度表良好，重联紧急停燃油开关在正确位置。 (2)重联电话、机车信号插头无松脱。 (3)计量表调光器、辅助智能显示器、LKJ2000 监控显示屏外观完好。 (4)头灯、辅助灯、标志灯开关完好，位置正确，电台显示屏外观完好。	目视 手检

续上表

作业项目	检查部位	检查内容及要求	检查方法
三、机车上部右侧	13. 左侧	(5)操纵台电控制动阀自阀、单阀位置正确,定位销工作位。 (6)导向轴撒砂开关、风笛开关完好。 (7)司机控制器主手柄惰转位。换向手柄置中立位,机械联锁作用良好。 (8)警惕器复位按钮完整,作用良好。 (9)司机无线电听筒完好,安装座无松动。 (10)蓄电池移车按钮;主发励磁断路器、电阻制动断路器在断开位,计量表灯开关、监控开关、电热玻璃开关完好,在规定位置。 (11)打印机、音频盒、警报盒、窗加热指示器完好,无破损。 (12)紧急制动阀手柄在规定位置。 (13)刮雨器开关和操纵台开关完好。 (14)侧窗完整,拉动灵活,锁闭作用良好,后视镜良好。 (15)备用制动机安装牢固,风管接手无漏泄,手柄调整阀完好。 (16)侧壁加热器防护罩完好无破损。 (17)风挡玻璃清洁无破损,前遮阳板完整。 (18)司机座椅稳固,作用良好,无破损。 (19)后墙壁柜门开关良好,内部冰箱、微波炉良好,各接线、插头、插座无破损。 (20)烟雾报警器及摄像头完好	目视 手检
	14. 后墙壁及CA1	(1)CA1门锁闭器作用良好。折叠柜内无异物、异味,各电器无烧损变色,插头防缓标记无位移,输入/输出板CIO控制盒锁闭器锁闭良好,各继电器复原弹簧无位移、丢失。 (2)柴油机控制面板上各断路器及控制开关完好,位置指示标记清晰。 (3)蓄电池闸刀BS(断开位)安装牢固无烧损,接线无松脱,安装螺栓防缓标记无位移	目视 手检

复习思考题

1. 机车检查锤检法分为哪几种?
2. 机车检查手检法有何规定?
3. 机车检查注意事项有何规定?
4. HXN_3型内燃机车动轮检查标准是什么?
5. HXN_3型内燃机车齿轮箱检查标准是什么?
6. HXN_3型内燃机车给油程序是什么?
7. HXN_5型内燃机车轴箱、弹簧检查标准是什么?
8. HXN_5型内燃机车主辅发电机检查标准是什么?

复习思考题答案

第一章

1. HXN_3 型内燃机车柴油机停机的处理方法是什么?

答:(1)曲轴箱压力、机油压力、水压停机。停机 1~2 min 后,检查水位应在停机刻线 1/2~2/3 刻线之间,机油油位应在油尺满油刻线上下 2 cm 左右(不得明显高出或到达警戒刻线),且机油无乳化物或明显燃油气味,检查机体各部应正常无破损和漏水现象,否则严禁二次启机。

(2)增压器超速停机。外观检查增压器应无破损及漏油迹象,否则严禁二次启机。

2. HXN_3 型内燃机车主、辅发电机无输出的处理方法是什么?

答:(1)进行小复位操作,先断电脑控制断路器,再断 APC 控制断路器(辅助功率转换控制),若故障信息中有主发励磁斩波器故障或相关传感器数值超范围故障,还需要断开交流控制断路器,然后依次闭合 APC 控制断路器、交流控制断路器、电脑控制断路器。

(2)小复位无效后,打盖检查副发电机滑环及碳刷状态,如烧损请求救援,若未烧损进行大复位操作。

3. HXN_3 型内燃机车锁轴的处理方法是什么?

答:立即停车检查故障轴轴头温度,检查齿轮箱油位及轮对踏面,检查电机是否有异味,若检查未发现异常,移车试验并观察轮对转动情况(若机车无法加载,须按压机车数据—其他选择—锁轴检测—切除相应轴传感器,并同时将该转向架切除),若轮对转动正常,可维持运行,并随时注意观察该轴状态。

注意事项:

(1)若检查为真抱轴,需立即请求救援。

(2)切除故障轴传感器和转向架后,如进行大小复位,需再次对故障轴传感器和转向架进行切除,否则限速 5 km/h。

4. HXN_3 型内燃机车开关量输入输出系统故障卸载的处理方法是什么?

答:(1)进行小复位,如正常可以继续牵引运行;如不正常可以停车进行大复位操作,如故障不消除,应请求救援。

(2)冬季发生开关量输入输出系统故障尽量不要进行复位,直接请求救援(如果为真实故障复位后无法再次启机必须放水)。

5. HXN5 型内燃机车柴油机停机的处理方法是什么?

答:(1)显示屏提示“请勿尝试启动柴油机”相关信息时,应首先确认机油油位、冷却水水位应符合要求,机油无乳化迹象及明显柴油气味,燃油箱油位不得低于 1 500 L,外观检查柴油机无破损、漏油迹象,各检查孔盖无开放现象,否则严禁二次启机,同时根据以下情况进行处理:

①若显示屏显示“曲轴箱压力太高,不能重启柴油机”时,除步骤 1 中内容外,还须检查引射管及柴油机左、右机油加油孔盖有无脱落,确认无异常后,打开曲轴箱检查孔盖,检查油底壳滤网是否存在碾片、部件破损掉块等异物,均无异常后方可再次启机。

②若显示屏显示“润滑油压力<启动压力(启动压力是柴油机转速的函数)”时,除步骤 1 中内容外,还需打开曲轴箱检查孔盖,检查油底壳滤网是否存在碾片、部件破损掉块等异物,均无异常后方可再次启机。

③若显示屏显示“检测到增压器故障”时,检查增压器应无漏油、断裂、破损,否则禁止二次启机。

④若燃油泵断路器断开,手动进行恢复,若启机时再次断开,请求救援。

(2)确认无异常需要启机时,需输入重置密码后再进行启机。

注意事项:当气温低于 0 ℃时,如柴油机无法启动,需进行放水处理,防止冻结柴油机。

6. HXN5 型内燃机车显示器故障的处理方法是什么?

答:(1)机车有牵引力、无惩罚制动时维持运行,运行至前方停车站再进行小复位处理。

(2)机车无牵引力或产生惩罚制动时,进行大复位处理。

(3)如显示屏故障,大复位后某台显示屏不能启动时,需断开柴油机控制面板后面对应的显示器断路器后重新闭合。

7. HXN5 型内燃机车惩罚、紧急制动的处理方法是什么?

答:(1)将自阀手柄置于抑制位 1 s 后移至运转位缓解惩罚制动,将自阀手柄置于紧急位 60 s 后移至运转位缓解紧急制动。

(2)若机车无法缓解,一是确保检查主副台自阀手柄应均不在紧急位,二是确认副司机侧紧急制动按钮不在作用位,三是检查机车列车管、紧急放风阀应无排风声后,断开“电空制动”断路器 ABCB,再断开“本务机控制”断路器 LCCB,3 s 后闭合两个断路器,待上电惩罚制动消除后维持运行。

(3)上述处理无效后,进行大复位处理。

(4)若显示屏显示电空制动(EAB)故障,无影响维持运行。

8. HXN5 型内燃机车柴油机不能启动的处理方法是什么?

答:(1)若在启机过程中蓄电池电压下降至 40 V 以下,为蓄电池亏电或死节,断开排尘风机断路器进行大复位,仍无法启机,无效请求救援。

(2)若启机时警铃不响,一是确认 EC 开关在启动位,3 号智能显示屏无英文、黑屏,再次按压柴油机停机开关后再次启机;二是检查第六位电机指示灯是否正常,如指示灯熄灭,需手动切除第六电机进行启机。

(3)其他情况参照柴油机停机处理方法执行。

(4)以上处理均无效,进行大复位处理。

9. DF4 型内燃机车柴油机突然停机的处理方法是什么?

答:(1)确认差压灯没亮,燃油压力正常时,检查 DLS 线圈,若烧损或芯杆松动时,可顶 DLS 启机维持运行。

(2)确认差压灯没亮,燃油压力为 0,检查 RBC 燃油泵脱扣开关及燃油泵电机,根据检查情况进行以下处理:

①RBC 不吸合,手动将 RBC 顶上;

②RBC 吸合,检查燃油泵脱扣开关是否跳开,若跳开应将其闭合;若燃油泵脱扣未跳,可转换另一燃油泵。

(3)若差压灯亮,确认差压计误动作后,可重新闭合 4K 启机。

(4)检查极限调速器复原手柄,并将其恢复。

(5)手动推动 1~16 缸喷油泵供油齿条,确认无卡滞现象,如发现有喷油泵供油齿条卡死,可将该缸甩除。

(6)上述检查无异状,重新启机时确认机油压力,若机油压力正常,为油压继电器误动作;若机油压力过低时,为机油系统故障,不可启机。

10. DF4 型内燃机车柴油机转速不升不降的处理方法是什么?

答:(1)检查蓄电池充放电流表显示放电,为 1DZ 跳开,可恢复 1DZ。

(2)短接 RBC 常开触头后能调速,为 RBC 常开触头不良。

(3)更换另一套驱动装置,但在拔、插插头前应断开相应的开关。

(4)手动推动1~16缸喷油泵供油齿条,确认无卡滞现象,如发现有喷油泵供油齿条卡死,可将该缸甩除。

(5)仍不能调速,可拔下驱动器插头,手拧步进电机手动旋钮或拨动伞形齿轮进行手动调速。

(6)装有ZY2000型微机控制系统的机车断开5K辅助发电开关,及时进行辅发A、B组转换,然后闭合5K。

11. DF_4型内燃机车辅助发电不发电的处理方法是什么?

答:(1)检查1DZ,并重新闭合。

(2)使用固定发电维持运行。

(3)更换另一套电压调整器。

(4)电流表显示放电,手按2QA,风泵能泵风,为2RD断,更换2RD。

12. DF_4型内燃机车水温高报警灯亮,柴油机卸载的处理方法是什么?

答:(1)运行中WJ误动作,柴油机卸载,观察机械间水温表不超温时,主手柄回零位,闭合应急开关。

(2)大风扇转速不正常,判断为温控阀故障时,可顺时针拧动温控阀手动调整螺栓,增加风扇转速。若无效,轻敲安全阀阀体。

(3)开放侧百叶窗。

13. HXN_{3B}型内燃机车小复位方法是什么?

答:先断开故障提示信息对应的电器控制断路器,再断开微机控制断路器,等待30 s后再闭合,注意应最后闭合微机控制断路器。

在机车运行中进行小复位时,必须首先将主手柄置惰转位,将机控开关置隔离位,将换向手柄置中立位,再进行小复位,小复位后当显示屏所有数据恢复正常后才能加载。为防止小复位过程中产生惩罚制动,应及时操作无人警惕按钮、脚踏、风笛等。

14. HXN_{3B}型内燃机车曲轴箱压力异常停机的处理方法是什么?

答:(1)操作显示屏选中“柴油机停机—曲轴箱压力”并打开“更多详细记录”界面,查看左、右侧曲轴箱压力,若压力值为正值时,检查柴油机外观、曲轴箱压力传感器、油气分离器、机油油位是否正常,若存在异常,严禁二次启机。

(2)若上述检查无异常,或曲轴箱压力为负值时,按以下方式复位后启机,并在运行中注意观察曲轴箱压力值。

①按压显示屏调出“维护模式”信息,输入维护密码后,按“其他选择”中的【启机复位】键。

②断开微机控制断路器和电喷控制断路器，再依次闭合电喷控制断路器和微机控制断路器，启动柴油机，注意在柴油机启动后倾听是否有异音。

③启机后调出“传感器数据”，主手柄8位进行空载试验，观察曲轴箱压力是否正常（0~14之间），检查无异常后可加载继续运行。

注意事项：严禁盲目打开曲轴箱检查孔盖，防止扩大后果。

15. HXN_{3B}型内燃机车显示屏故障的处理方法是什么？

答：(1)若两块显示屏同时黑屏，停车后检查电器间断路器面板上微机显示屏断路器状态，手动断开后重新闭合进行复位。

(2)若两块显示屏同时显示“?”时，断开微机控制断路器再闭合进行小复位操作。

(3)若一个显示屏黑屏，在不影响机车加载和缓解制动等正常操作时，可维持运用；在影响机车正常运行时，断开、闭合微机显示屏断路器，对微机显示屏进行复位处理。

16. HXN_{3B}型内燃机车冷却水温高的处理方法是什么？

答：(1)若显示屏提示冷却风扇断路器未闭合或冷却风扇逆变器通信故障，可不停车，主手柄置惰转位，隔离开关置隔离位，断开电脑控制断路器与冷却风扇断路器，5 s后再闭合，进行复位（机车已停车时，断电等待30 s后重新闭合相关断路器）。

(2)若小复位无效或只有温度高减载提示，咨询技术专职进行处理。

17. DF_5型内燃机车柴油机突然停机的处理方法是什么？

答：(1)首先确认7ZK、8ZK应在闭合位，然后检查燃油压力表若低于150 kPa，分别检查3ZK和RBC状态，若3ZK断开手动闭合，若RBC未吸合，应顶上或短接RBC上的141与155线。

(2)若差示压力计1XD灯亮，检查差示压力计为误动作，可重新闭合4K启机；若差示压力计不是误动作，在未判明故障处所时严禁启机。

(3)检查极限调速器复原手柄，若动作，应将其恢复；若未动作，顶LDT(DLS)启机，启机后确认滑油压力不低于100 kPa可维持运行，若滑油压力低于100 kPa时应立即停机。

(4)手动推动1~8缸喷油泵供油齿条，确认无卡滞现象，如发现有喷油泵供油齿条卡死，可将该缸甩除。

(5)若顶上 LDT(DLS)后仍不能启机,可手动扳动供油拉杆启机并维持运行到前方站。

18. DF5 型内燃机车转速不升不降的处理方法是什么?

答:(1)检查无级调速驱动器,如指示灯亮,更换另一套;如指示不亮,为 RBC 上的 101B 与 159A 间联锁触头不良,将其短接或打磨触头。

(2)手动推动 1~8 缸喷油泵供油齿条,确认无卡滞现象,如发现有喷油泵供油齿条卡死,可将该缸甩除。

(3)若更换另一套驱动器后仍不能调速时,应将驱动器上的插头拔下,进行手动调速。

19. DF5 型内燃机车辅助发电不发电的处理方法是什么?

答:(1)若电流表显示放电,手按 2KA,风泵能泵风,为 2RD 断,运行中可暂不处理,时间允许时更换 2RD。

(2)闭合 8K,使用固定发电,若 GFC 不吸合,可将其顶上。

(3)检查 1ZK,并重新闭合。

(4)有双套设备的可转换另一套备份设备。

第二章

1. 机车检查锤检法分为哪几种?

答:(1)锤击法;

(2)锤触;

(3)锤撬。

2. 机车检查手检法有何规定?

答:(1)手动:不适宜锤检部件应用手动检查。手动包括晃、拍、握、拧。适用于较细小的螺栓、管接头、各种阀门及仪表、电器等。

(2)手触:主要适用于检查有关部件的温度、管路的振动、高压油管的脉冲等。

注意事项:在运行中不能进行手触温度检查部件,应在停车后马上进行,手触时应先用手指感觉温度,再用手背判断温度。

3. 机车检查注意事项有何规定?

答:(1)对机车上的风管、油管、水管接头及有压力的部件禁止用检查锤敲击。对各部件的光洁面或两摩擦部件的接触面禁止用检查锤敲击。敲击螺母时,不得向松动的方向敲击,不要敲在螺母的方棱或丝扣上,敲击的轻重应根据螺母的大小决定。

(2)试验电气装置时,厉行呼唤应答制度,确认各转动部件无碍后方准进行试验。检查带电部件及转动部件禁止手触,以防触电或被转动部件打伤。

(3)检查作业中,要注意人身安全,禁止跳越地沟。在无接触网线路上检查机车顶部时,要站稳、抓牢。

(4)启动柴油机前,必须确认柴油机各部状态良好,且须两人紧密联系,确保安全。试验制动机前,应确认车底无作业人员,厉行呼唤应答制度与鸣笛规定。

(5)启机(升弓)后,离开司机室时,应实行单阀制动,下车前,应将换向手柄置于中立位,励磁开关断开位。

4. HXN3 型内燃机车动轮检查标准是什么?

答:(1)踏面无擦伤、剥离,擦伤深度不大于或等于 0.7 mm。踏面磨耗深度不大于或等于 7 mm。

(2)轮缘、踏面、轮辋、轮盘和轮毂上无裂纹或破裂。

(3)轮缘垂直磨耗高度不大于 18 mm,并无碾堆。

(4)动轮轮径(新轮)1 050 mm,禁用 975 mm。

5. HXN3 型内燃机车齿轮箱检查标准是什么?

答:(1)齿轮箱无漏油。

(2)齿轮箱加油口严密。

(3)齿轮箱合口螺栓无松动、丢失。

(4)齿轮箱安装螺栓无松动、丢失。

(5)齿轮箱放油堵无松动,漏油。

(6)齿轮箱透气孔良好。

6. HXN3 型内燃机车给油程序是什么?

答:HXN3 型内燃机车的给油顺序参照机车检查顺序。具体给油处所如下:

(1)机车前后端:车钩钩体与托铁磨动部用铁道脂,方法是抹油,此处给油应根据车钩摆动的具体情况进行。

(2)齿轮箱:在未出现漏泄的情况下,每次整备时进行油位检查,并根据油位的变化进行给油操作。要严格控制油位,不得出现过多或缺油现象。

(3)柴油机油底壳:油位应在油位尺上刻线以上 25.4 mm 左右,检查油位时,应注意有无燃油气味,或油位上升现象,否则应及时检查处理。

(4)空压机:每次整备时进行检查,油位应在油表的中间位置。

7. HXN5 型内燃机车轴箱、弹簧检查标准是什么？

答：(1)轴箱弹簧无断裂、倾斜，橡胶垫无变形，龟裂。轴箱拉杆无裂纹，安装螺栓无松动。漆封无位移，开口销、防缓铁线良好。

(2)轴头端盖螺栓防缓片正常，密封堵无丢失，轴承无油脂漏泄。

(3)轴箱保持器各安装螺栓无松动，止挡安装螺栓无松动。

8. HXN5 型内燃机车主辅发电机检查标准是什么？

答：(1)柴油机启动转换开关 CTS 接线端子无变色烧损。励磁上电电阻 R2、R2A 无烧损。

(2)主辅发电机安装螺栓防缓标记无位移。

(3)主辅发电机通风冷却波纹管无破损。

(4)主辅发电机接线端子无变色烧损。